요리수
평면도형의 이동

요리수
평면도형의 이동

요리수

평면도형의 이동

초판 1쇄 인쇄 2025년 8월 1일

초판 1쇄 발행 2025년 8월 19일

초판 2쇄 발행 2025년 9월 25일

저 　 자 김은정

연 　 구 김민정, 조은선, 최선옥

펴 낸 곳 요리수연산

디 자 인 한국학술정보(주) 북토리 W2P사업부

주 　 소 16898 경기도 용인시 기흥구 죽전로 57 호암빌딩 504호

전 　 화 (031) 897 – 7942

홈페이지 www.yorisu.co.kr

이 메 일 yorisu2019@naver.com

I S B N 979-11-91633-14-6

요리수
평면도형의 이동 A
돌리고! 뒤집고!

연구진

김민정(본사)	한지민(본사)	조은선(본사)	김동현(대구)	김보미(경북)	김선영(일산)
김은영(경남)	김정여(수원)	김현숙(전북)	김희영(충남)	박민경(울산)	박채경(평택)
박혜림(서울)	박효희(파주)	백승연(서울)	서연서(군포)	신연희(광주)	안미선(하남)
우수진(화성)	이경아(남양주)	이미선(의정부)	이용진(서울)	이은경(대전)	이은자(충북)
정현정(서울)	최선옥(서울)	최원희(제주)			

차 례

1. 점 이동하기

✿ 점을 위쪽, 아래쪽, 오른쪽, 왼쪽으로 이동하기

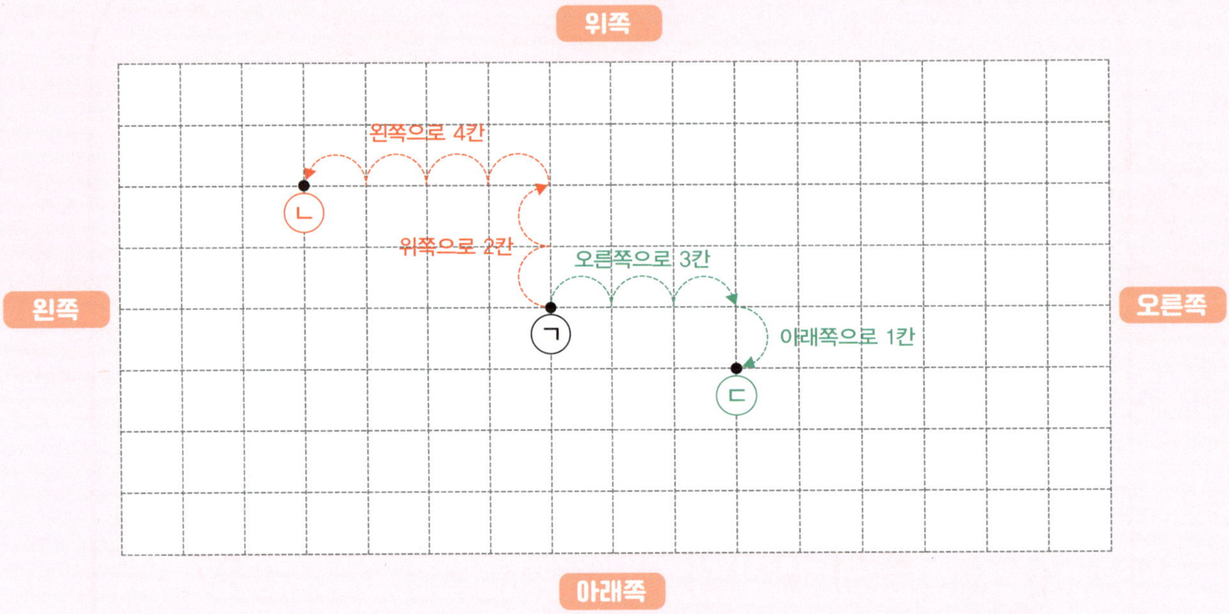

위쪽

왼쪽으로 4칸

위쪽으로 2칸

오른쪽으로 3칸

아래쪽으로 1칸

왼쪽

오른쪽

ㄴ

ㄱ

ㄷ

아래쪽

- 점 ㄱ을 위쪽으로 2칸, 왼쪽으로 4칸 이동한 곳은 점 ㄴ 입니다.
- 점 ㄱ을 오른쪽으로 3칸, 아래쪽으로 1칸 이동한 곳은 점 ㄷ 입니다.

1. 로봇이 도착점까지 가려면 어떻게 이동해야 하는지 바르게 설명한 것의 기호를 쓰세요.

(   )

도착점

ㄱ 오른쪽으로 6칸, 아래쪽으로 2칸 이동해야 합니다.

ㄴ 아래쪽으로 2칸, 오른쪽으로 5칸 이동해야 합니다.

점 이동하기

2. 로봇이 도착점까지 가려면 어떻게 이동해야 하는지 바르게 설명한 것의 기호를 쓰세요.

(   )

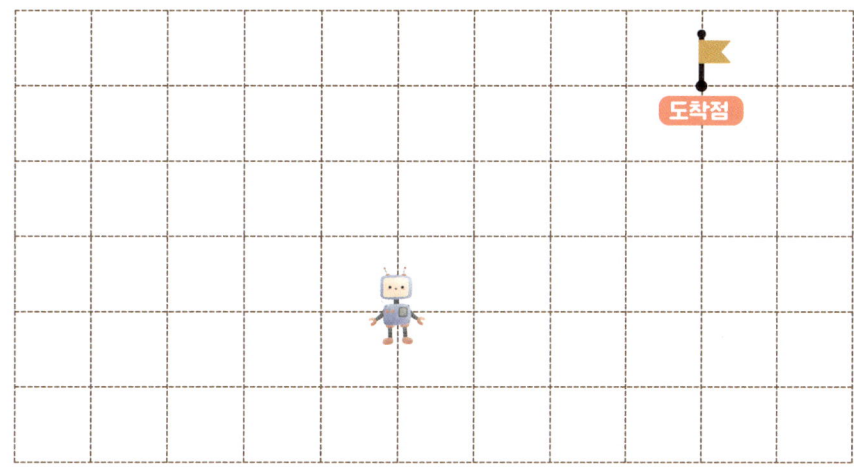

ㄱ 아래쪽으로 3칸, 오른쪽으로 4칸 이동해야 합니다.

ㄴ 오른쪽으로 4칸, 위쪽으로 3칸 이동해야 합니다.

3. 로봇이 도착점까지 가려면 어떻게 이동해야 하는지 바르게 설명한 것의 기호를 쓰세요.

(   )

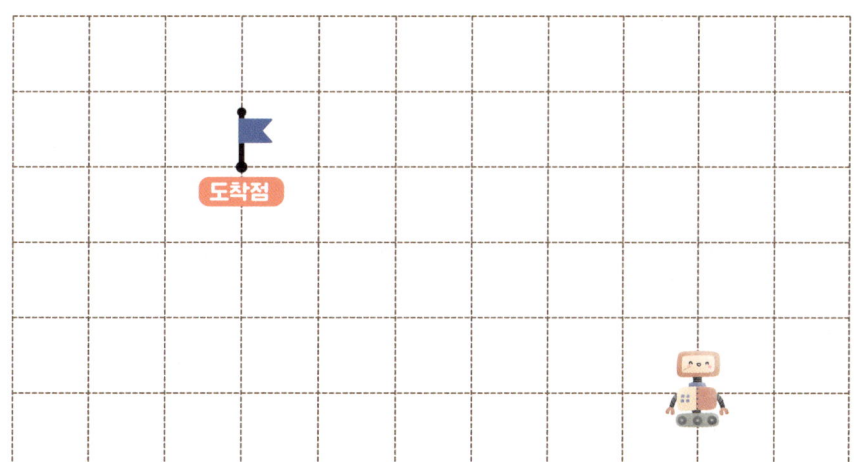

ㄱ 왼쪽으로 6칸, 위쪽으로 3칸 이동해야 합니다.

ㄴ 위쪽으로 2칸, 왼쪽으로 5칸 이동해야 합니다.

점 이동하기

4. 선을 따라 점 ㄱ을 주어진 방법으로 이동한 위치에 점 ㄴ을 그려 보세요.

1 오른쪽으로 3칸

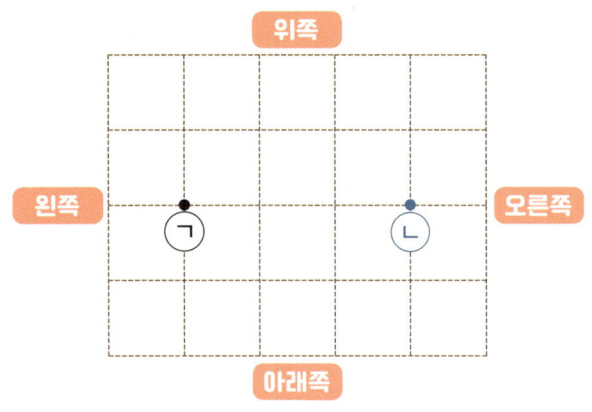

2 아래쪽으로 2칸

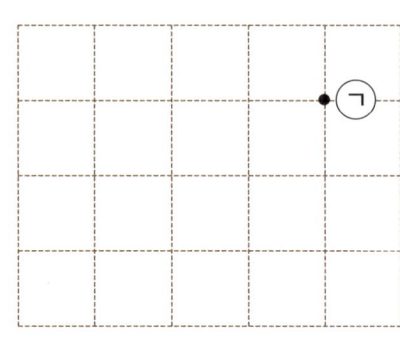

3 왼쪽으로 2칸, 위쪽으로 1칸

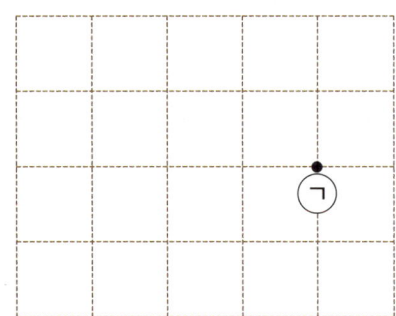

4 위쪽으로 2칸, 오른쪽으로 1칸

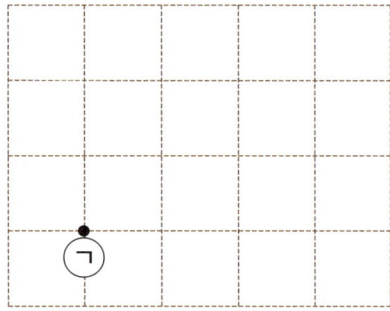

5 오른쪽으로 2칸, 아래쪽으로 2칸

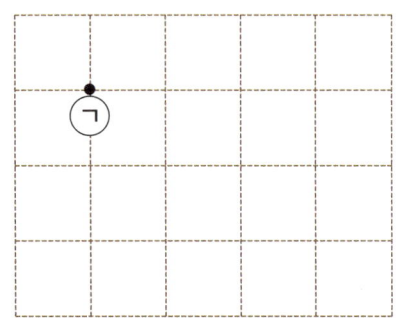

6 아래쪽으로 1칸, 오른쪽으로 3칸

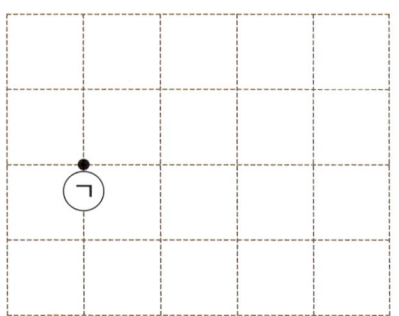

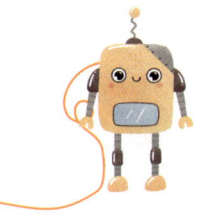

점 이동하기

선을 따라 점 ㄱ을 주어진 방법으로 이동한 위치에 점 ㄴ을 그려 보세요.

7 위쪽으로 2칸

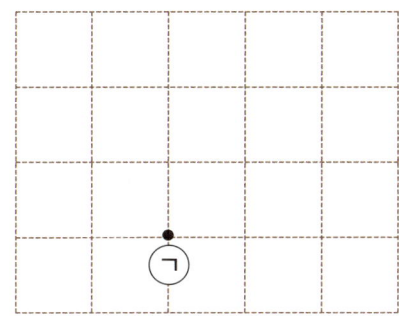

8 왼쪽으로 4칸

9 위쪽으로 3칸, 왼쪽으로 2칸

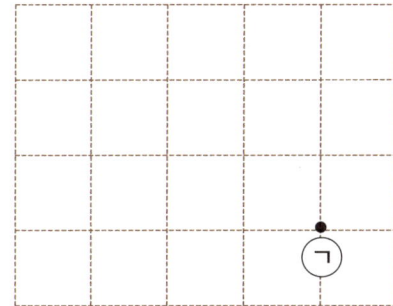

10 오른쪽으로 1칸, 아래쪽으로 4칸

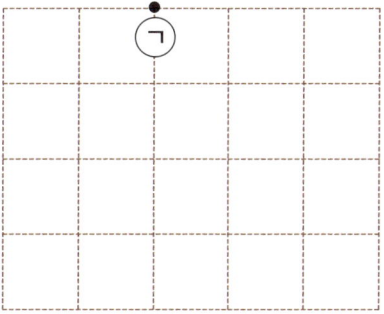

11 왼쪽으로 2칸, 아래쪽으로 3칸

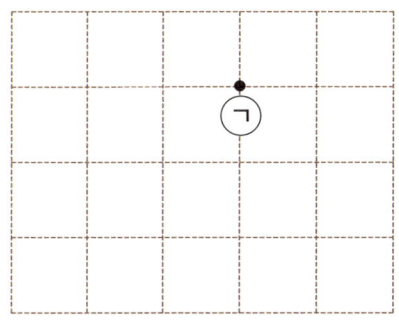

12 위쪽으로 3칸, 오른쪽으로 2칸

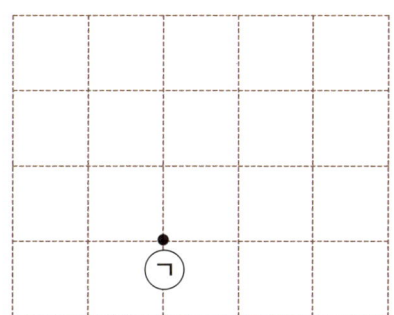

점 이동하기

5. 점 ㉠을 어떻게 이동하면 점 ㉡의 위치로 이동할 수 있는지 ☐ 안에 알맞은 말이나 수를 써넣으세요.

1

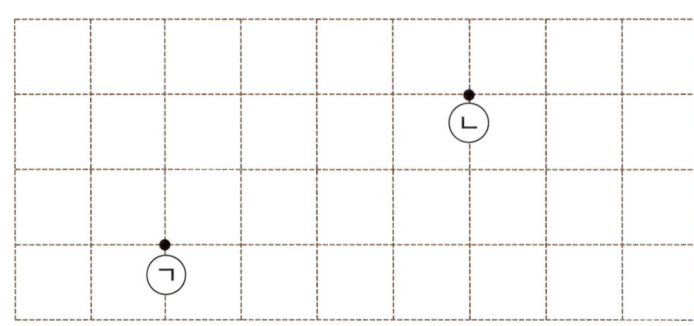

방법 1 점 ㉠을 오른쪽으로 ☐ 칸, ☐ 쪽으로 ☐ 칸 이동합니다.

방법 2 점 ㉠을 위쪽으로 ☐ 칸, ☐ 쪽으로 ☐ 칸 이동합니다.

2

방법 1 점 ㉠을 왼쪽으로 ☐ 칸, ☐ 쪽으로 ☐ 칸 이동합니다.

방법 2 점 ㉠을 아래쪽으로 ☐ 칸, ☐ 쪽으로 ☐ 칸 이동합니다.

점 이동하기

점 ㄱ을 어떻게 이동하면 점 ㄴ의 위치로 이동할 수 있는지 ☐ 안에 알맞은 말이나 수를 써넣으세요.

3

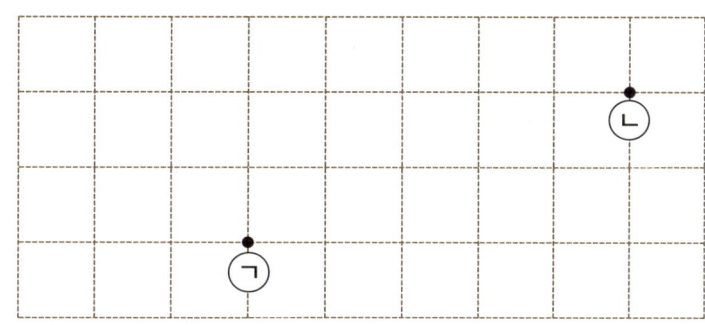

방법 1 점 ㄱ을 오른쪽으로 ☐ 칸, ☐ 쪽으로 ☐ 칸 이동합니다.

방법 2 점 ㄱ을 위쪽으로 ☐ 칸, ☐ 쪽으로 ☐ 칸 이동합니다.

4

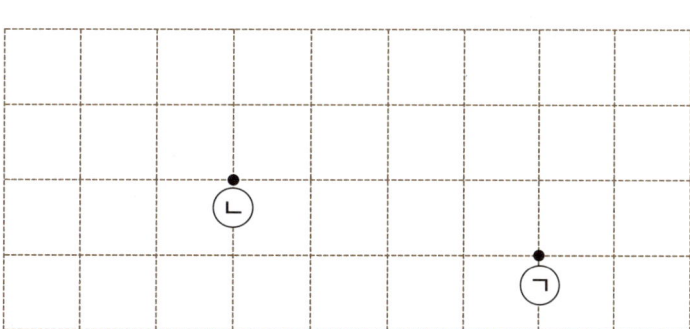

방법 1 점 ㄱ을 왼쪽으로 ☐ 칸, ☐ 쪽으로 ☐ 칸 이동합니다.

방법 2 점 ㄱ을 위쪽으로 ☐ 칸, ☐ 쪽으로 ☐ 칸 이동합니다.

2. 평면도형 밀기

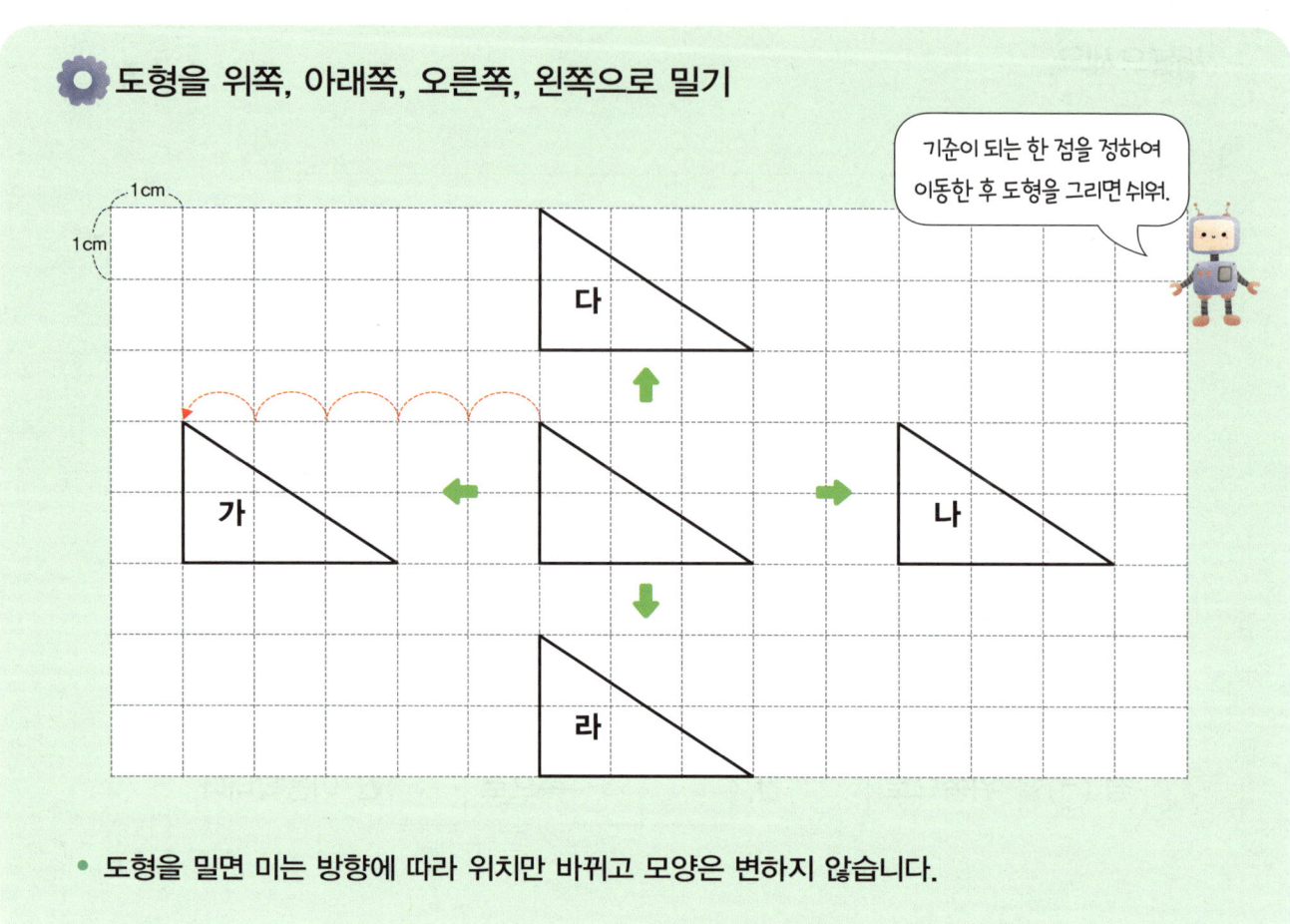

⚙️ **도형을 위쪽, 아래쪽, 오른쪽, 왼쪽으로 밀기**

기준이 되는 한 점을 정하여 이동한 후 도형을 그리면 쉬워.

• 도형을 밀면 미는 방향에 따라 위치만 바뀌고 모양은 변하지 않습니다.

1. 도형을 주어진 방법으로 밀었을 때의 도형을 그려 보세요.

1 오른쪽으로 3 cm 밀기

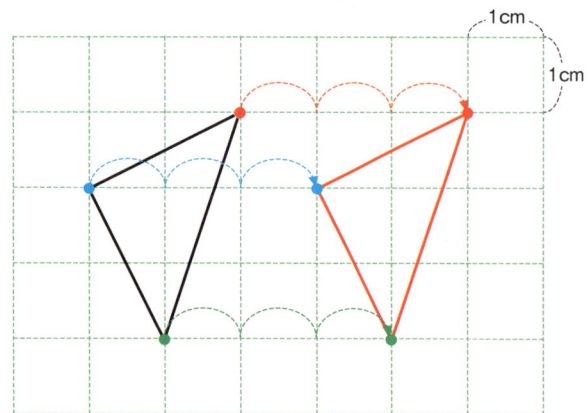

2 왼쪽으로 4 cm 밀기

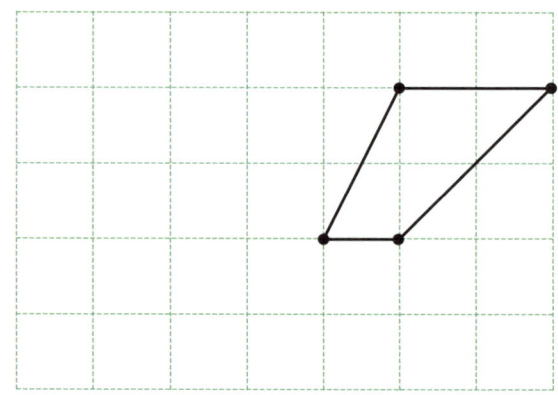

평면도형 밀기

🔩 도형을 주어진 방법으로 밀었을 때의 도형을 그려 보세요.

③ 오른쪽으로 4 cm 밀기

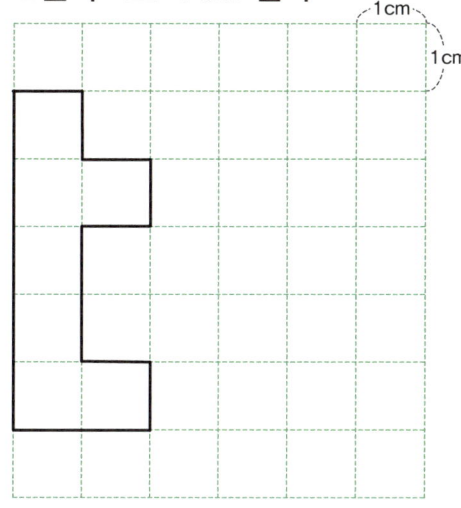

④ 아래쪽으로 6 cm 밀기

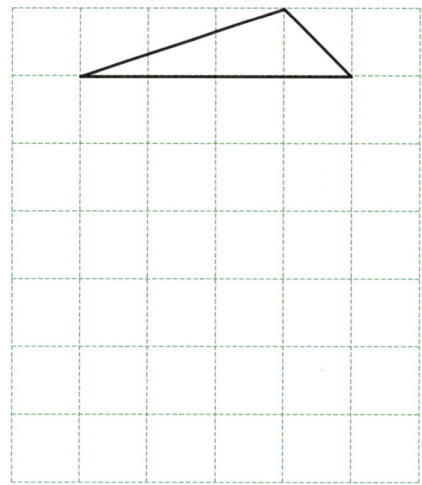

⑤ 왼쪽으로 3 cm 밀기

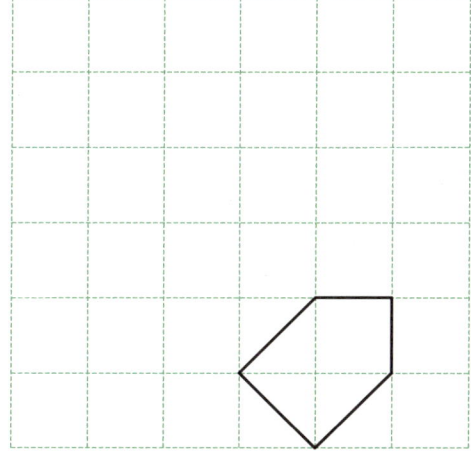

⑥ 위쪽으로 3 cm 밀기

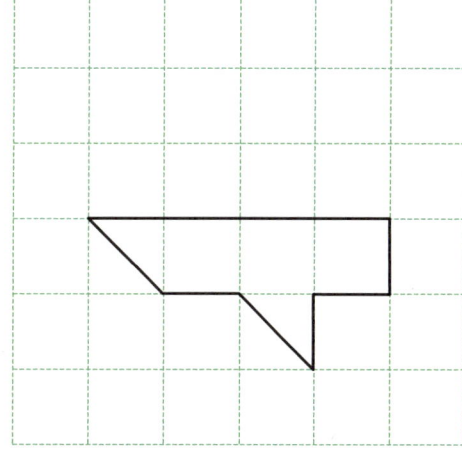

⑦ 오른쪽으로 4 cm 밀기

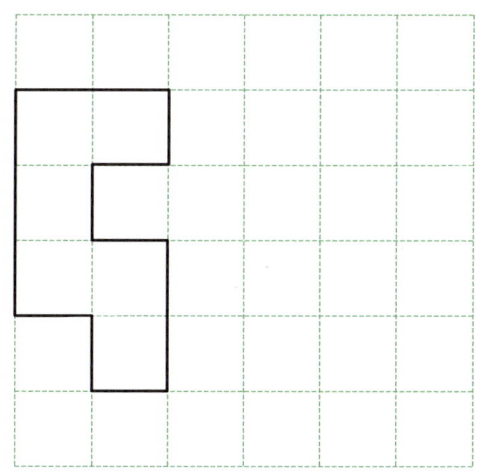

⑧ 아래쪽으로 4 cm 밀기

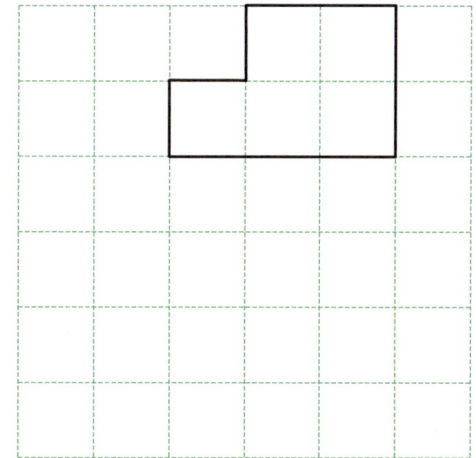

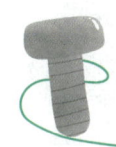

평면도형 밀기

2. ㉮ 도형을 ㉯ 도형의 위치로 이동하는 방법을 쓰세요.

1

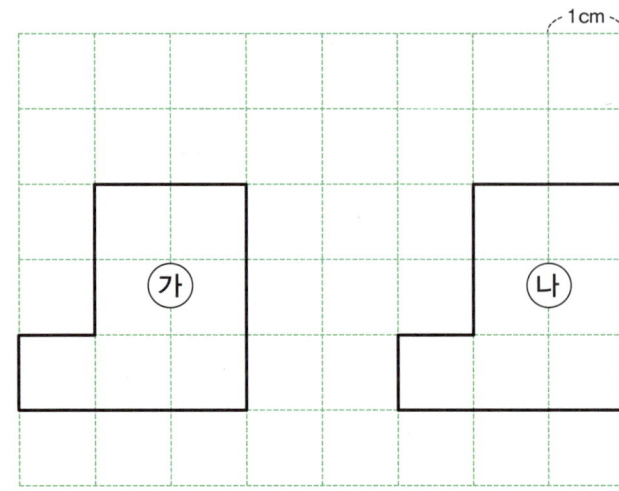

㉮ 도형을 [   ]쪽으로

[   ] cm 밀면 ㉯ 도형이 됩니다.

2

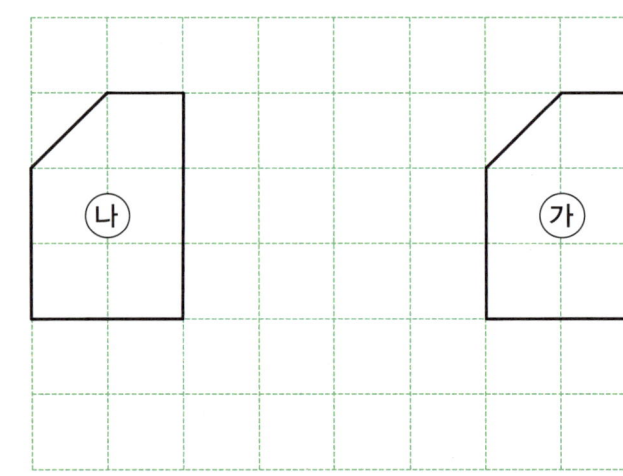

㉮ 도형을 [   ]쪽으로

[   ] cm 밀면 ㉯ 도형이 됩니다.

3

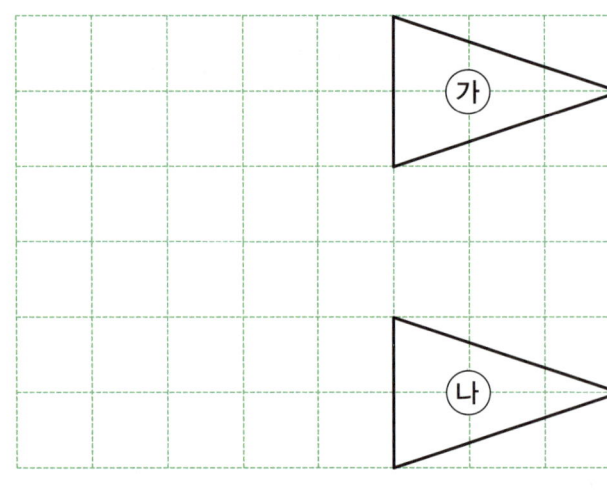

㉮ 도형을 [   ]쪽으로

[   ] cm 밀면 ㉯ 도형이 됩니다.

평면도형 밀기

🌸 ㉮ 도형을 ㉯ 도형의 위치로 이동하는 방법을 쓰세요.

4

㉮ 도형을 [   ] 쪽으로

[   ] cm 밀면 ㉯ 도형이 됩니다.

5

㉮ 도형을 [   ] 쪽으로

[   ] cm 밀면 ㉯ 도형이 됩니다.

6

㉮ 도형을 [   ] 쪽으로

[   ] cm 밀면 ㉯ 도형이 됩니다.

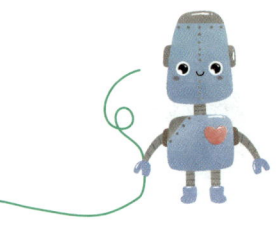

평면도형 밀기

3. 도형을 주어진 방법으로 밀었을 때의 도형을 그려 보세요.

1 오른쪽으로 5 cm 밀고, 아래쪽으로 2 cm 밀기

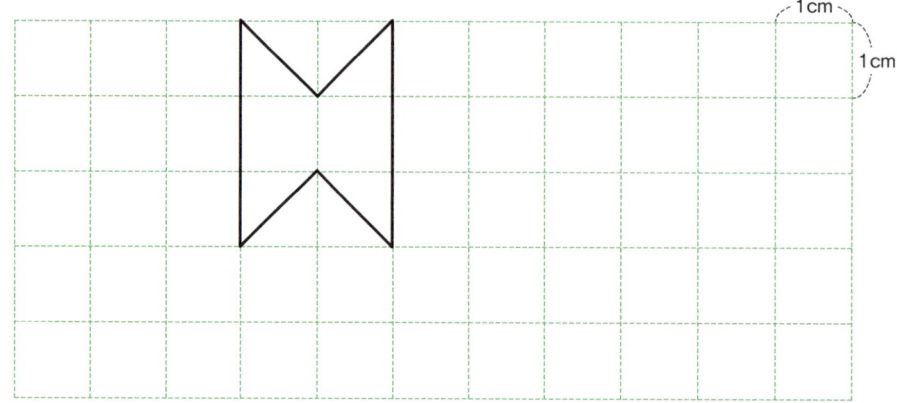

2 왼쪽으로 6 cm 밀고, 아래쪽으로 1 cm 밀기

3 왼쪽으로 7 cm 밀고, 위쪽으로 3 cm 밀기

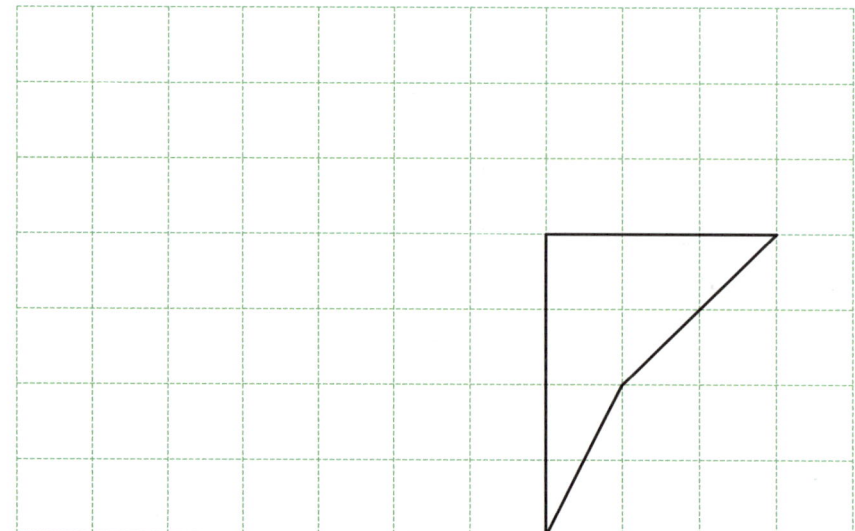

평면도형 밀기

🌸 도형을 주어진 방법으로 밀었을 때의 도형을 그려 보세요.

4 오른쪽으로 4 cm, 아래쪽으로 3 cm 밀기

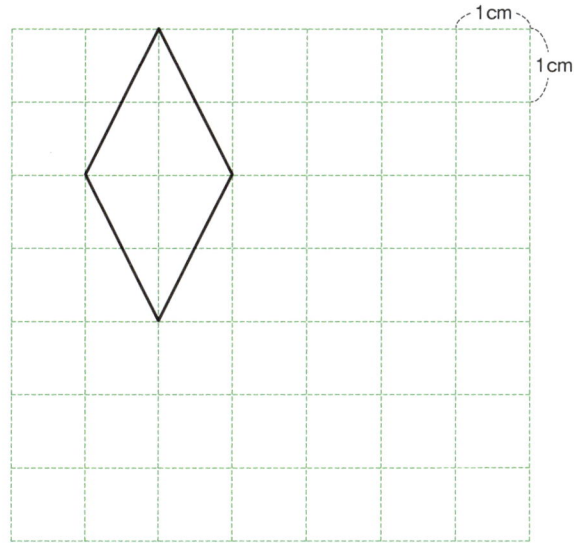

5 왼쪽으로 2 cm, 아래쪽으로 4 cm 밀기

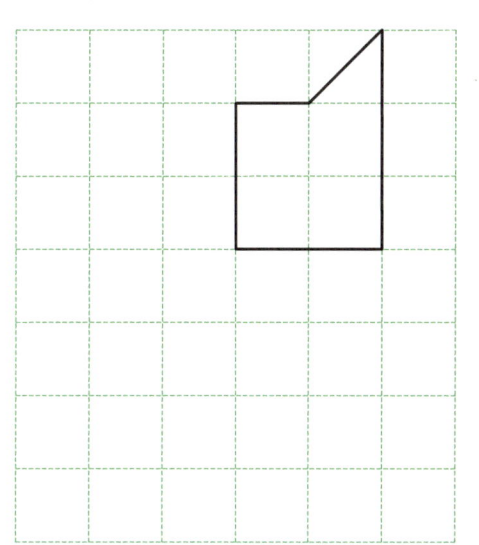

6 왼쪽으로 4 cm, 위쪽으로 2 cm 밀기

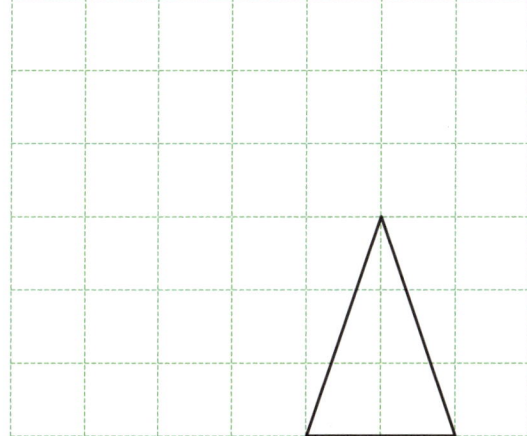

7 오른쪽으로 2 cm, 아래쪽으로 3 cm 밀기

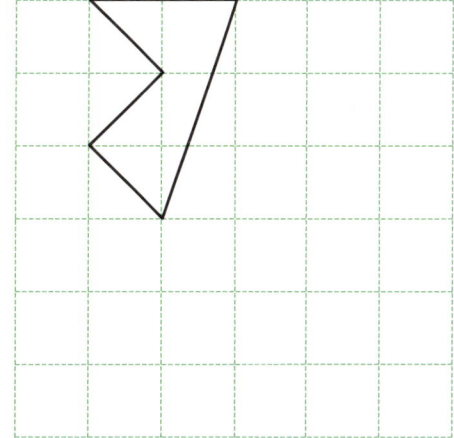

8 오른쪽으로 2 cm, 아래쪽으로 2 cm 밀기

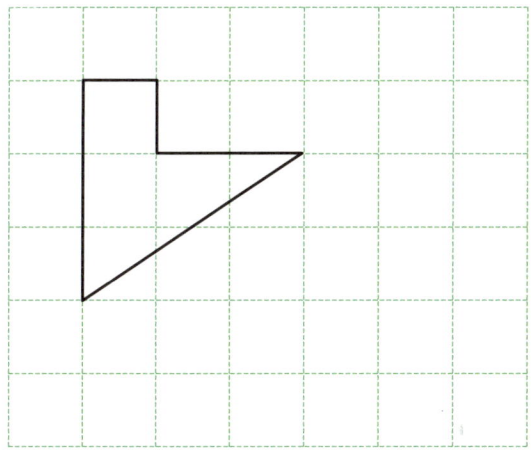

9 왼쪽으로 3 cm, 위쪽으로 1 cm 밀기

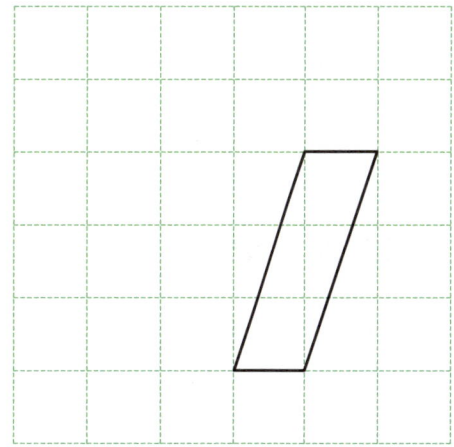

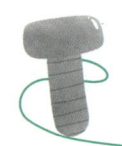

평면도형 밀기

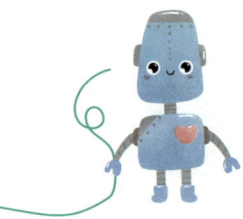

4. 가 도형을 나 도형의 위치로 이동하는 방법을 쓰세요.

1

가 도형을 오른쪽으로 ☐ cm, ☐ 쪽으로 ☐ cm 밀면

나 도형이 됩니다.

2

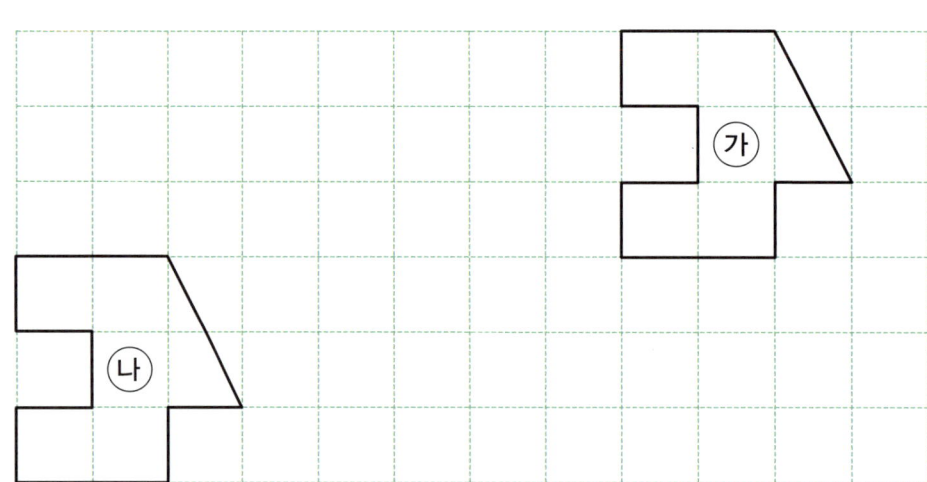

가 도형을 왼쪽으로 ☐ cm, ☐ 쪽으로 ☐ cm 밀면

나 도형이 됩니다.

평면도형 밀기

🌸 ㉮ 도형을 ㉯ 도형의 위치로 이동하는 방법을 쓰세요.

3

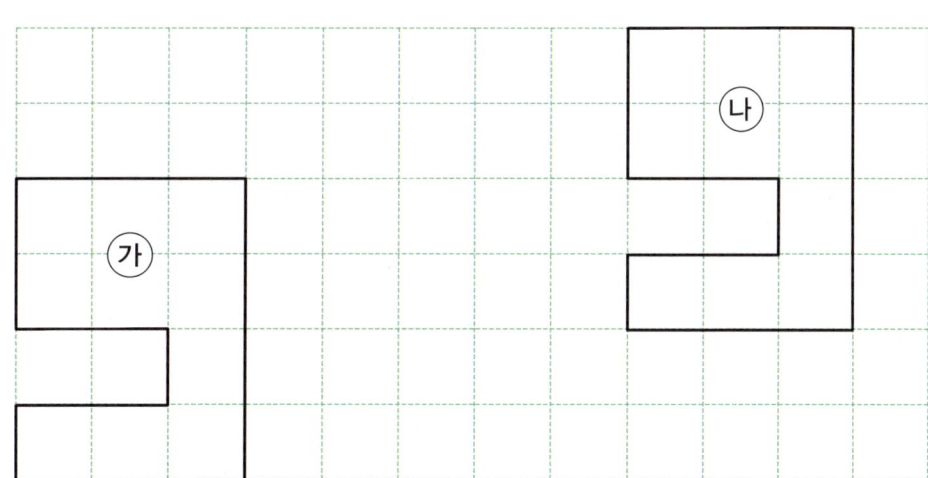

㉮ 도형을 [   ] 쪽으로 5 cm, [   ] 쪽으로 [   ] cm 밀면

㉯ 도형이 됩니다.

4

㉮ 도형을 [   ] 쪽으로 8 cm, [   ] 쪽으로 [   ] cm 밀면

㉯ 도형이 됩니다.

3. 평면도형 뒤집기

🔩 주어진 도형을 왼쪽, 오른쪽, 위쪽, 아래쪽으로 뒤집기

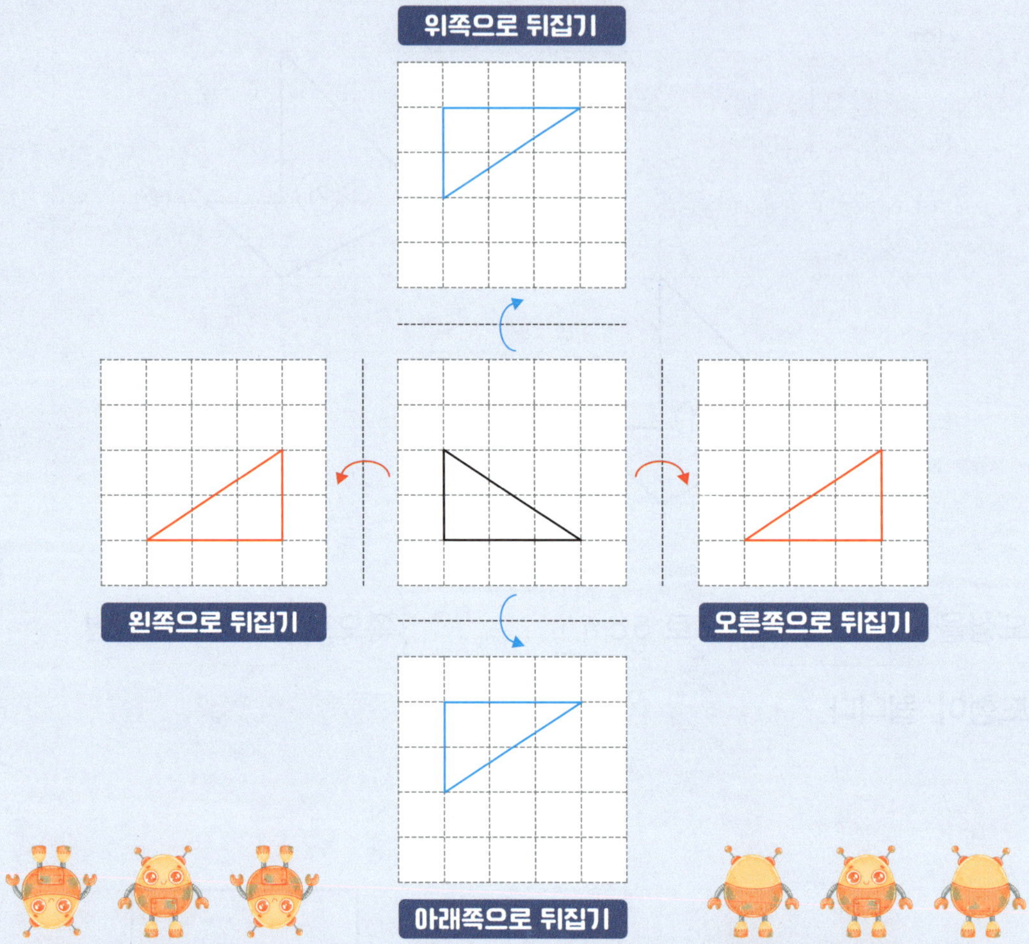

위쪽으로 뒤집기

왼쪽으로 뒤집기

오른쪽으로 뒤집기

아래쪽으로 뒤집기

- (**왼쪽**으로 뒤집은 도형) = (**오른쪽**으로 뒤집은 도형)
- (**위쪽**으로 뒤집은 도형) = (**아래쪽**으로 뒤집은 도형)

💡 조각을 다음과 같이 뒤집었을 때의 모양을 찾아 알맞은 기호에 ◯표 하세요.

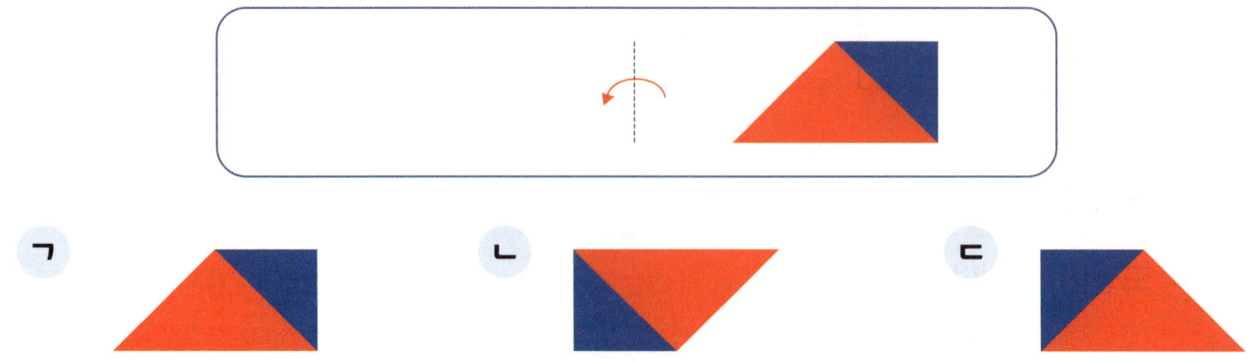

ㄱ   ㄴ   ㄷ

평면도형 뒤집기

⬡ 조각을 다음과 같이 뒤집었을 때의 모양을 찾아 알맞은 기호에 ◯표 하세요.

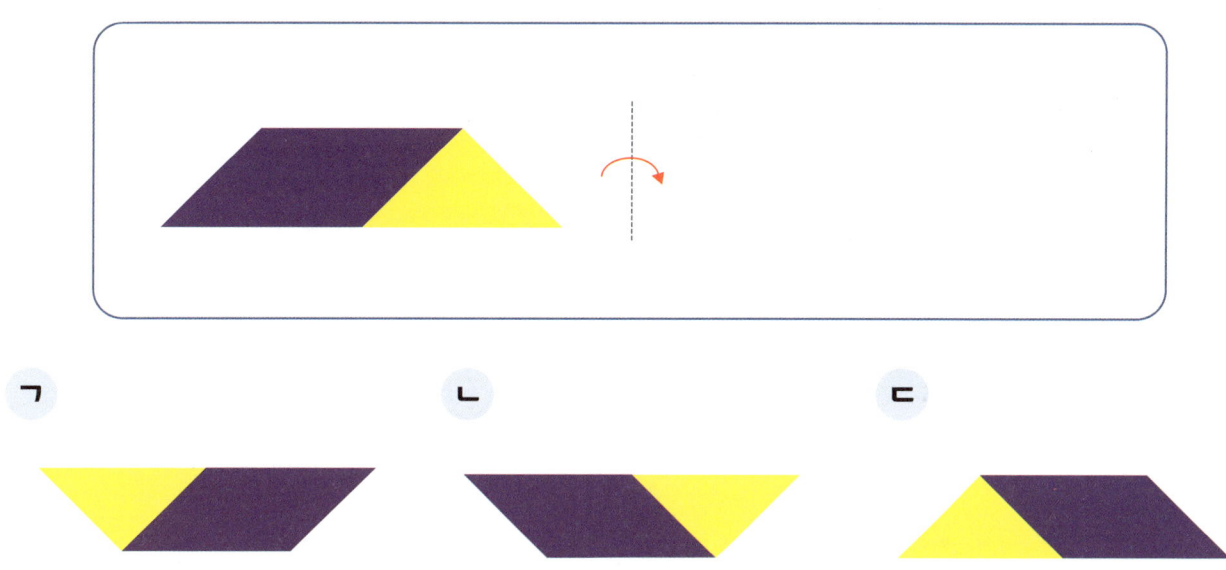

ㄱ   ㄴ   ㄷ

⚙ 조각을 다음과 같이 뒤집었을 때의 모양을 찾아 알맞은 기호에 ◯표 하세요.

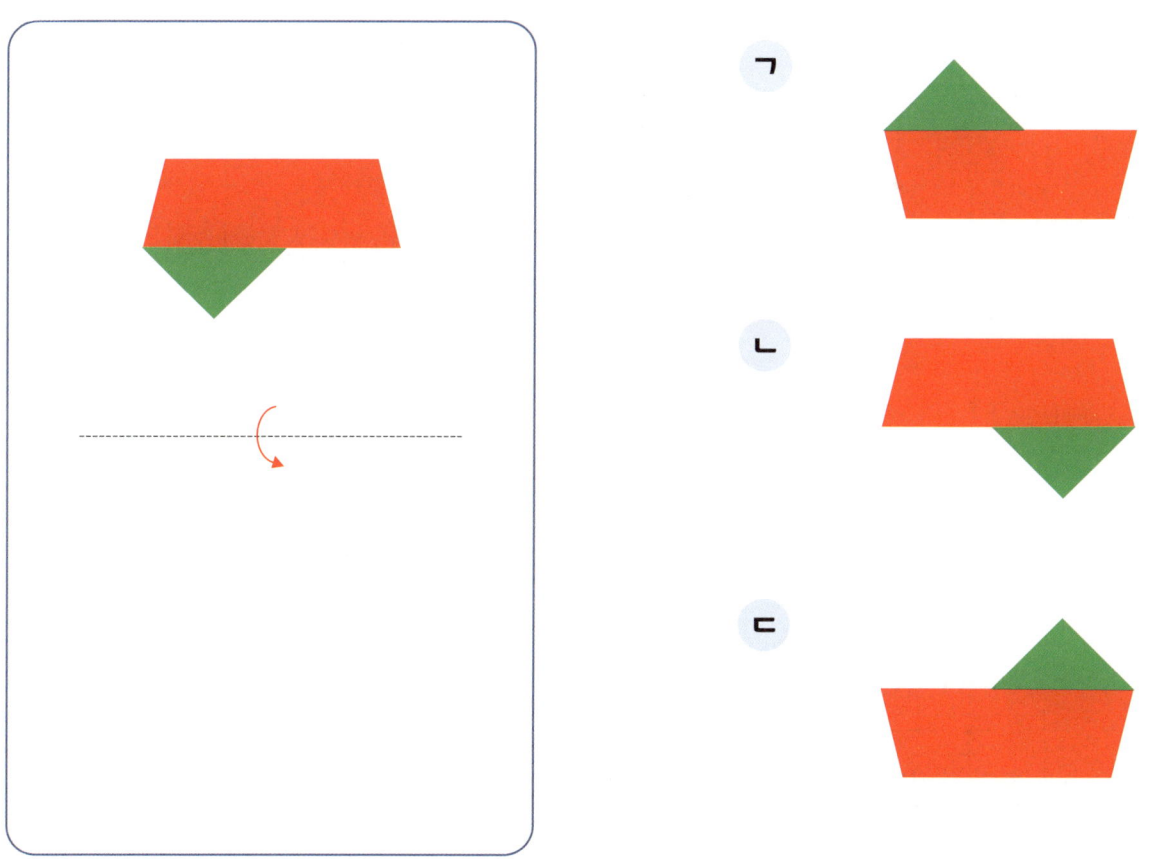

ㄱ

ㄴ

ㄷ

평면도형 뒤집기

1. 오른쪽으로 뒤집었을 때의 위치를 찾아 점을 찍어 보세요.
(뒤집었을 때 숫자의 위치를 잘 살펴보세요.)

> 나번 줄 맨 위에서 아래로 1칸 이동한 곳에 점을 찍어 봐.

1

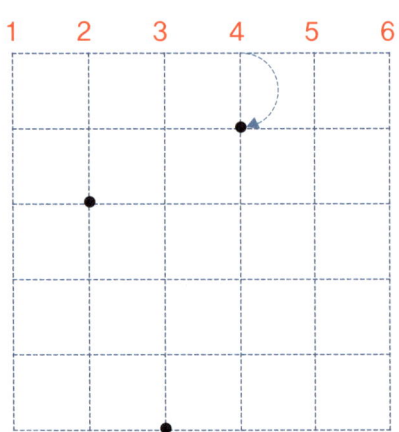

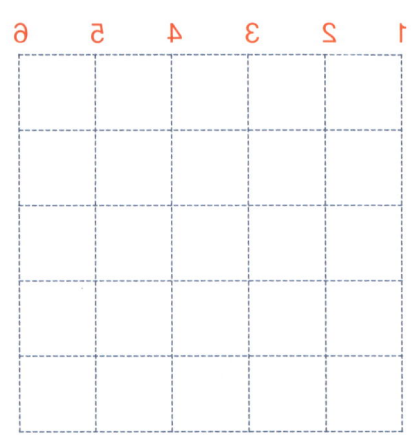

2

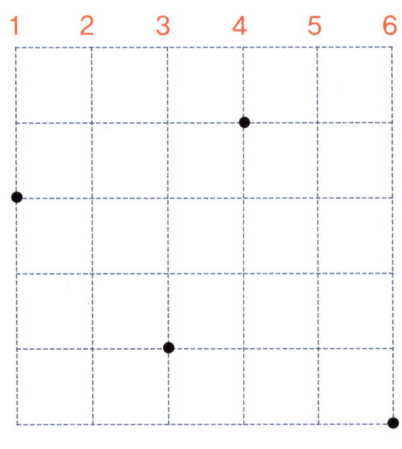

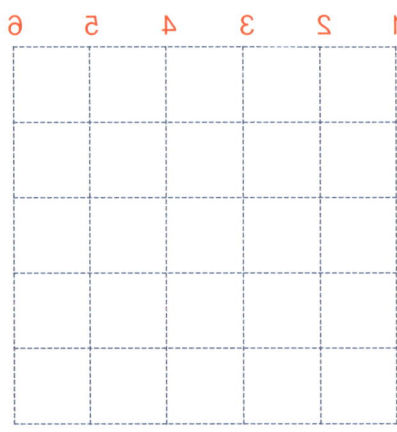

3

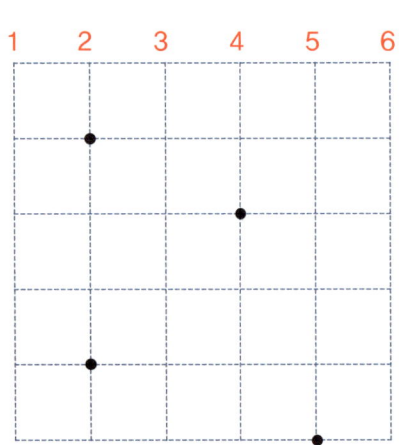

평면도형 뒤집기

오른쪽으로 뒤집었을 때의 위치를 찾아 점을 찍어 보세요.
(뒤집었을 때 숫자의 위치를 잘 살펴보세요.)

4

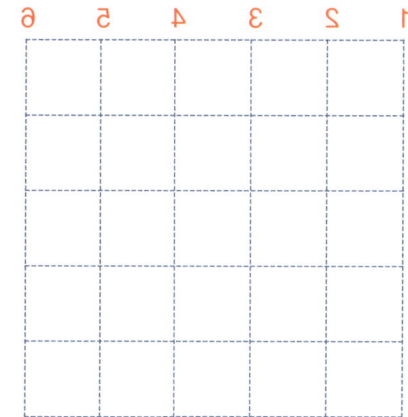

5

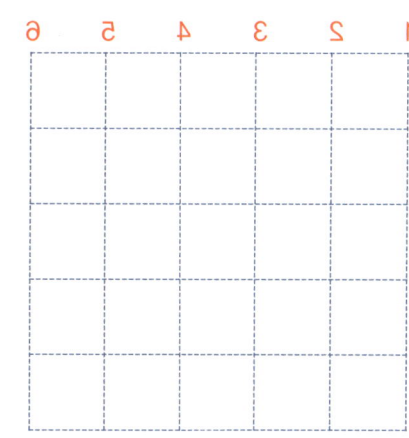

6

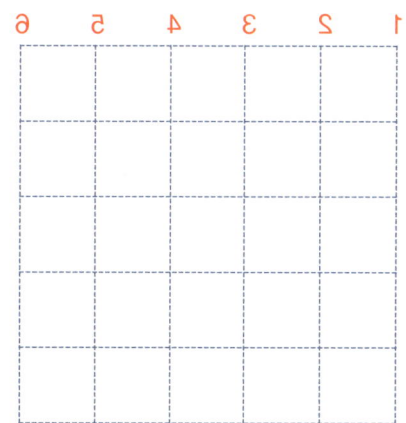

평면도형 뒤집기

2. 도형을 오른쪽으로 뒤집었을 때의 도형을 그려 보세요. (투명카드로 확인해 보세요.)

점을 찍고 선으로 연결해 봐.

1

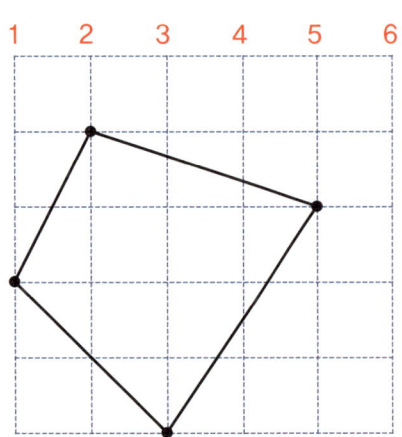

2

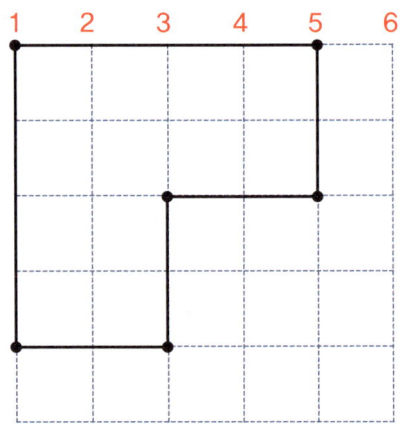

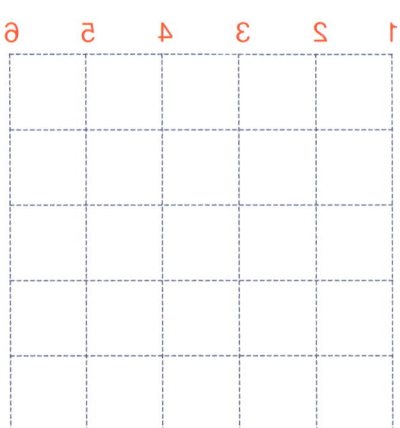

3

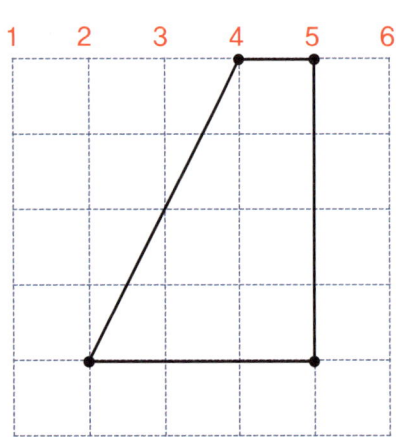

평면도형 뒤집기

◎ 도형을 오른쪽으로 뒤집었을 때의 도형을 그려 보세요. (투명카드로 확인해 보세요.)

4

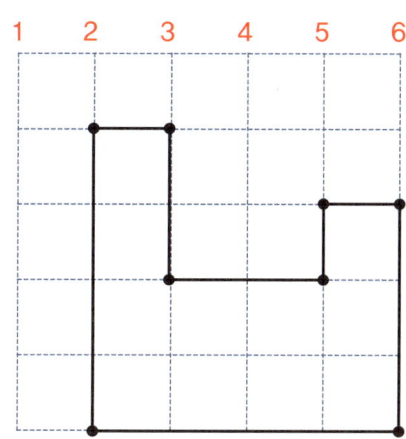

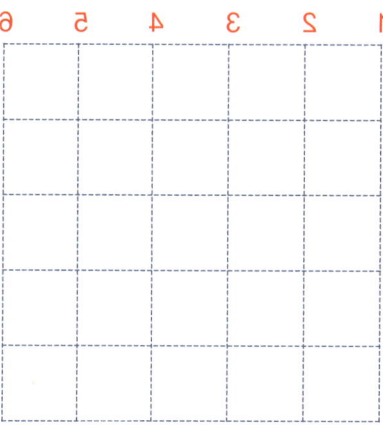

5

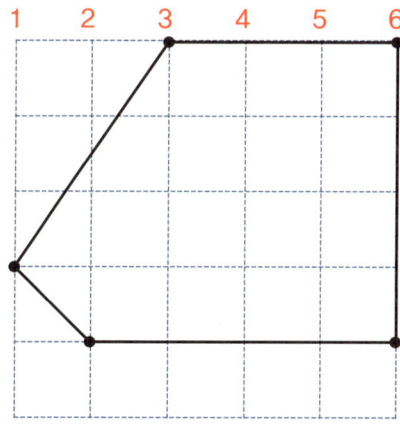

6

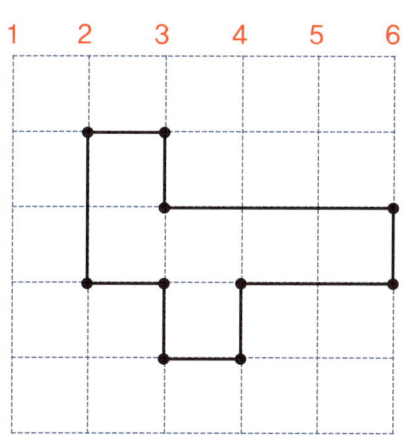

평면도형 뒤집기

🔩 도형을 오른쪽으로 뒤집었을 때의 도형을 그려 보세요.

(숫자 없이 도전해 보고, 어려울 때는 직접 숫자를 써서 해결해 보세요.)

7

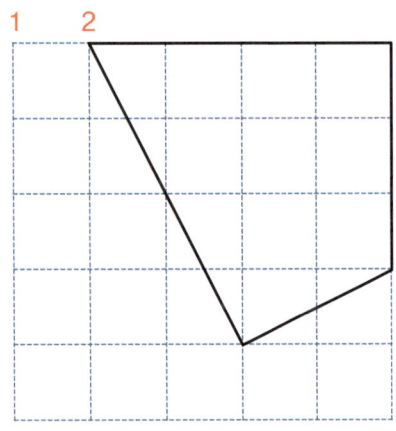
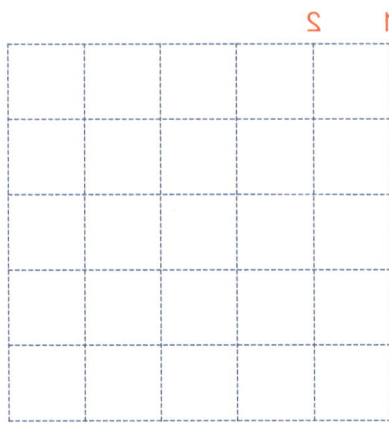

8

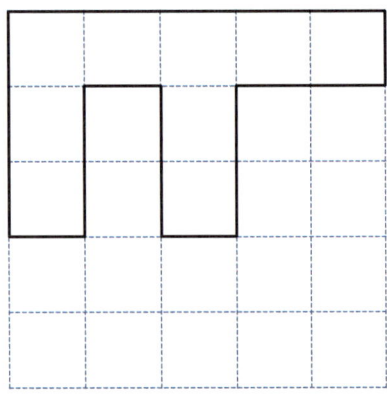

9

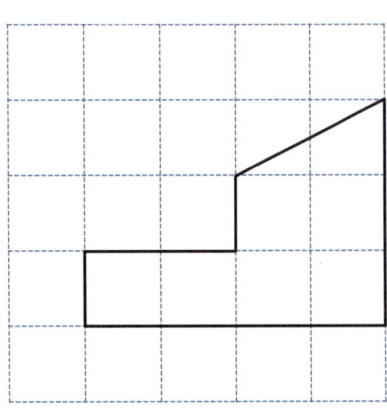

평면도형 뒤집기

🌸 도형을 오른쪽으로 뒤집었을 때의 도형을 그려 보세요.
(숫자 없이 도전해 보고, 어려울 때는 직접 숫자를 써서 해결해 보세요.)

10

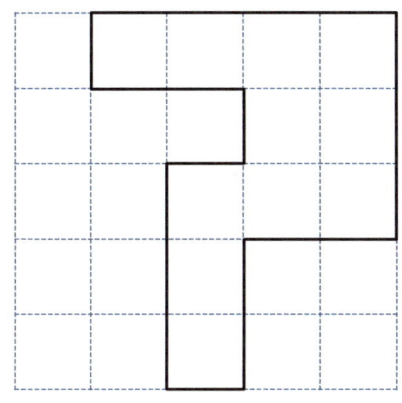

11

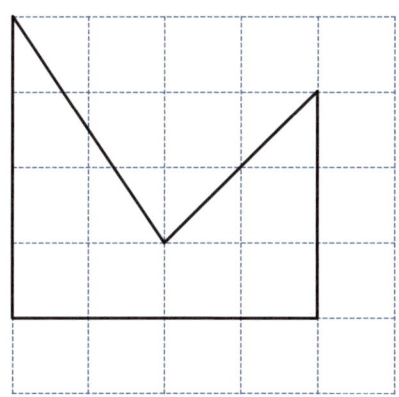

12

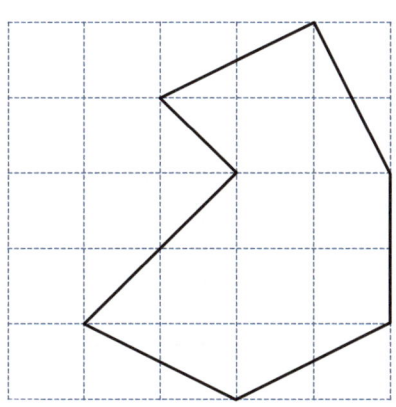

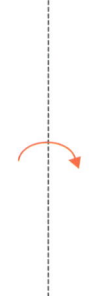

3. 도형을 왼쪽으로 뒤집었을 때의 도형을 그려 보세요. (투명카드로 확인해 보세요.)

점을 찍고 선으로 연결해 봐.

1

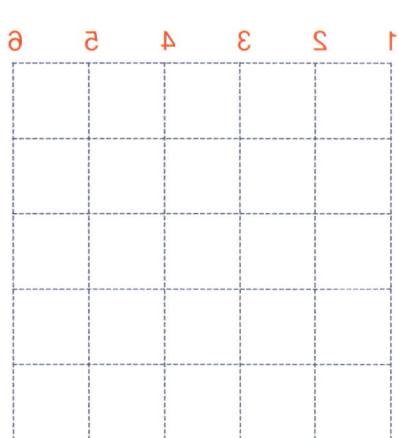

2

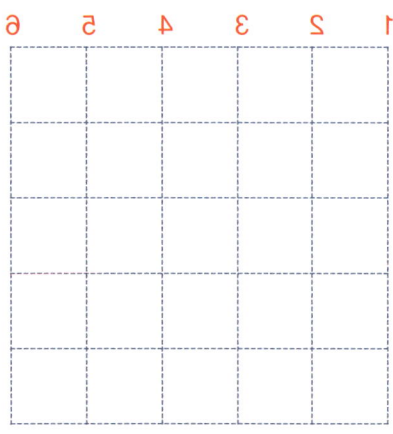

3

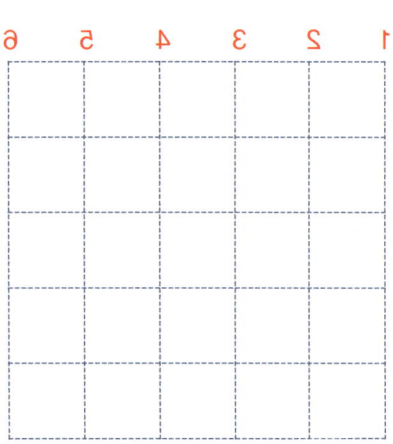

평면도형 뒤집기

도형을 왼쪽으로 뒤집었을 때의 도형을 그려 보세요. (투명카드로 확인해 보세요.)

4

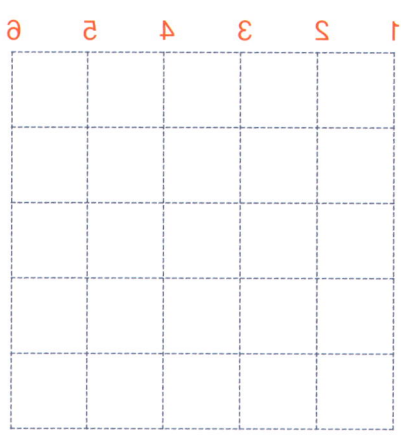
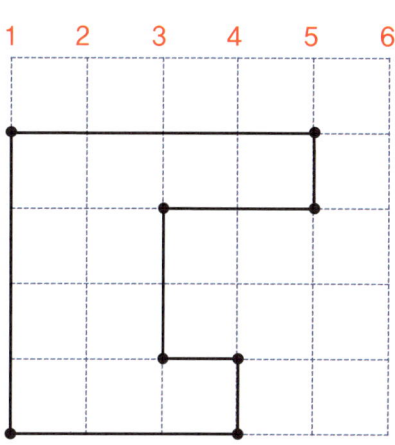

5

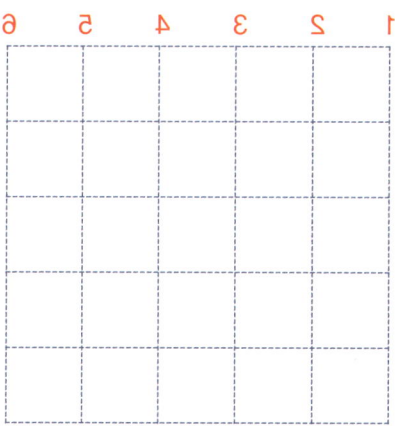
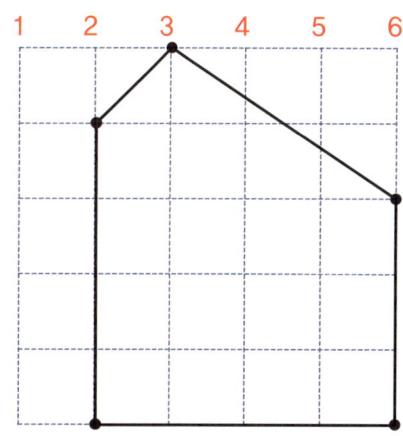

6

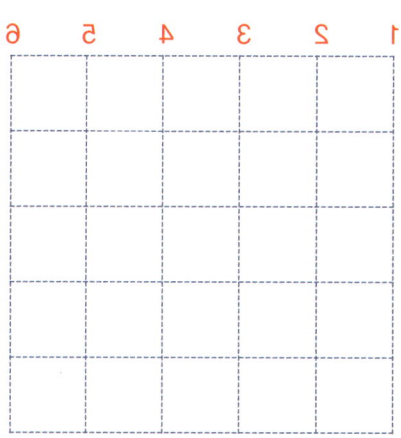

평면도형 뒤집기

⚙️ 도형을 왼쪽으로 뒤집었을 때의 도형을 그려 보세요.
   (숫자 없이 도전해 보고, 어려울 때는 직접 숫자를 써서 해결해 보세요.)

7

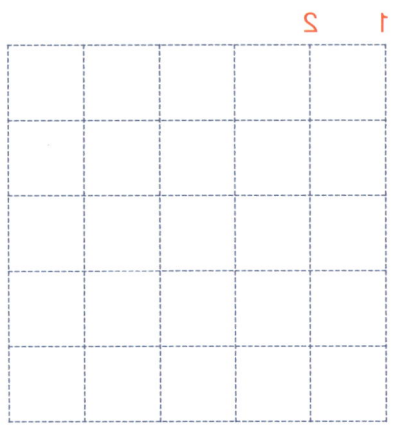

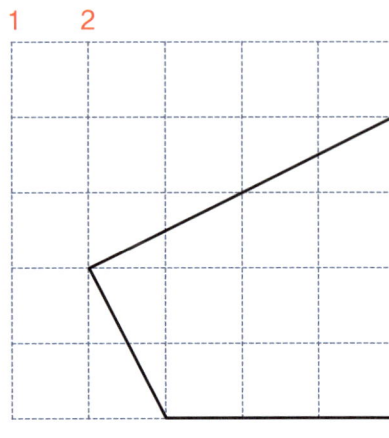

8

9

평면도형 뒤집기

⚙ 도형을 왼쪽으로 뒤집었을 때의 도형을 그려 보세요.
(숫자 없이 도전해 보고, 어려울 때는 직접 숫자를 써서 해결해 보세요.)

10

11

 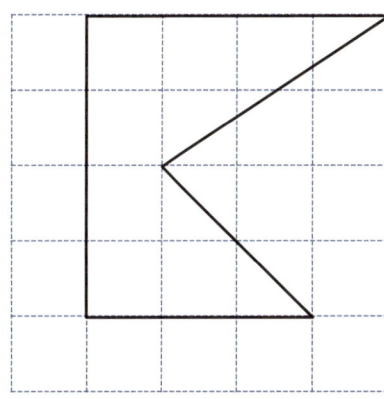

12

 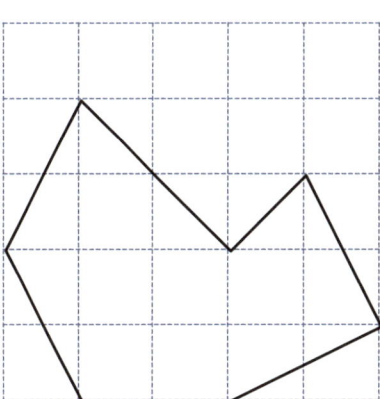

평면도형 뒤집기

4. 도형을 위쪽으로 뒤집었을 때의 도형을 그려 보세요. (투명카드로 확인해 보세요.)

1

| 1 | 2 | 3 | 4 | 5 | 6 |

2

| 1 | 2 | 3 | 4 | 5 | 6 |

평면도형 뒤집기

 도형을 위쪽으로 뒤집었을 때의 도형을 그려 보세요. (투명카드로 확인해 보세요.)

3

4

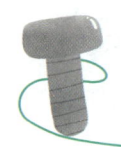

평면도형 뒤집기

🔧 도형을 위쪽으로 뒤집었을 때의 도형을 그려 보세요.
(숫자 없이 도전해 보고, 어려울 때는 직접 숫자를 써서 해결해 보세요.)

5

6

평면도형 뒤집기

 도형을 위쪽으로 뒤집었을 때의 도형을 그려 보세요.

(숫자 없이 도전해 보고, 어려울 때는 직접 숫자를 써서 해결해 보세요.)

7

8

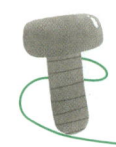

평면도형 뒤집기

🔩 도형을 위쪽으로 뒤집었을 때의 도형을 그려 보세요.

(숫자 없이 도전해 보고, 어려울 때는 직접 숫자를 써서 해결해 보세요.)

9

10

평면도형 뒤집기

🌸 도형을 위쪽으로 뒤집었을 때의 도형을 그려 보세요.
(숫자 없이 도전해 보고, 어려울 때는 직접 숫자를 써서 해결해 보세요.)

11

12

5. 도형을 아래쪽으로 뒤집었을 때의 도형을 그려 보세요. (투명카드로 확인해 보세요.)

1

2

평면도형 뒤집기

도형을 아래쪽으로 뒤집었을 때의 도형을 그려 보세요. (투명카드로 확인해 보세요.)

3

1 2 3 4 5 6

4

1 2 3 4 5 6

평면도형 뒤집기

💡 도형을 아래쪽으로 뒤집었을 때의 도형을 그려 보세요.

(숫자 없이 도전해 보고, 어려울 때는 직접 숫자를 써서 해결해 보세요.)

5

6

평면도형 뒤집기

도형을 아래쪽으로 뒤집었을 때의 도형을 그려 보세요.

(숫자 없이 도전해 보고, 어려울 때는 직접 숫자를 써서 해결해 보세요.)

7

8

평면도형 뒤집기

🔧 도형을 아래쪽으로 뒤집었을 때의 도형을 그려 보세요.

(숫자 없이 도전해 보고, 어려울 때는 직접 숫자를 써서 해결해 보세요.)

9

10

평면도형 뒤집기

🔩 도형을 아래쪽으로 뒤집었을 때의 도형을 그려 보세요.

(숫자 없이 도전해 보고, 어려울 때는 직접 숫자를 써서 해결해 보세요.)

11

12

도형을 주어진 방향으로 뒤집었을 때의 도형을 그려 보세요.

뒤집는 방향을 잘 살펴봐.

1

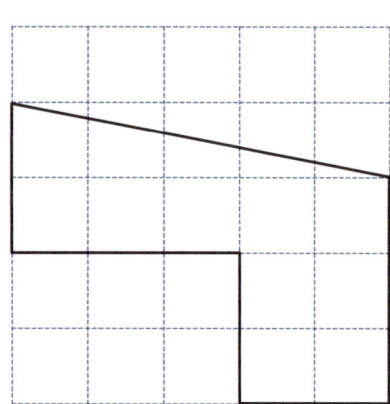

2

3

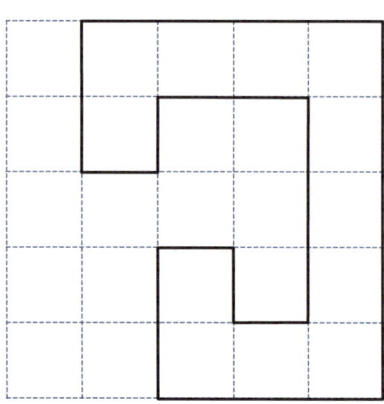

🌼 도형을 주어진 방향으로 뒤집었을 때의 도형을 그려 보세요.

4

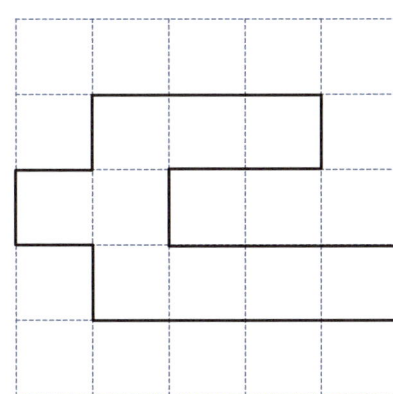

5

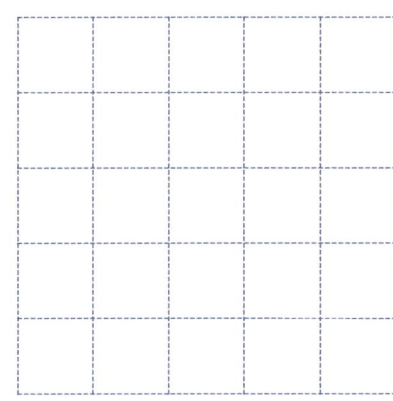

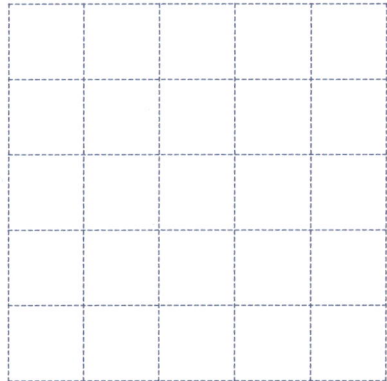

  연습 문제

⚙️ 도형을 주어진 방향으로 뒤집었을 때의 도형을 그려 보세요.

6

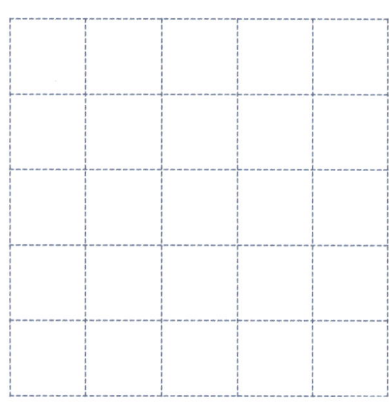

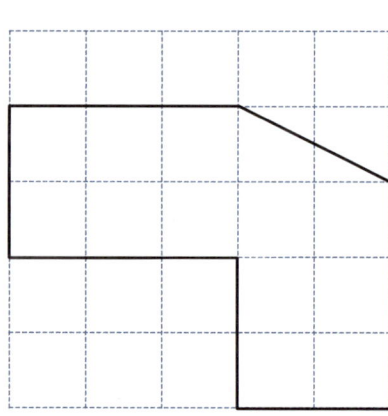

7

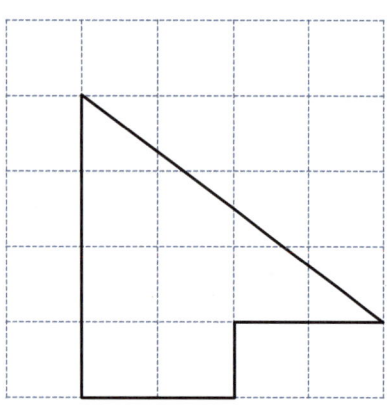

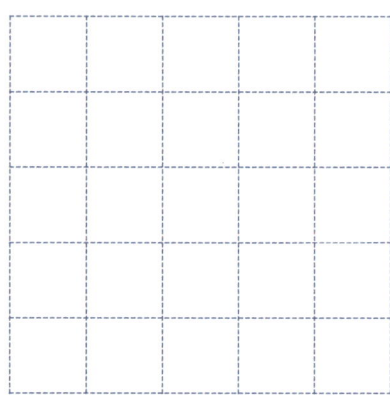

8

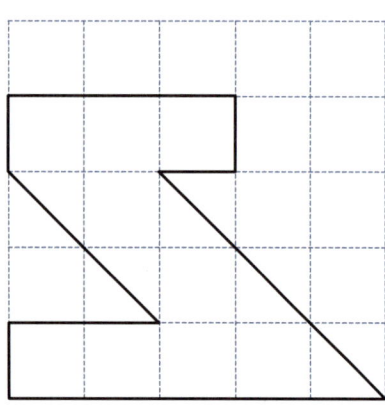

🔧 도형을 주어진 방향으로 뒤집었을 때의 도형을 그려 보세요.

9

10

4. 평면도형 돌리기

⚙️ 도형을 **시계** 방향으로 돌리기

> 도형을 시계 방향으로 돌리면
> 빨간 선이 어디로
> 이동하는지 살펴봐.

360°

270°   180°   90°

🔩 모양 조각을 시계 방향으로 90°만큼 돌렸을 때의 모양에 ◯표 하세요.

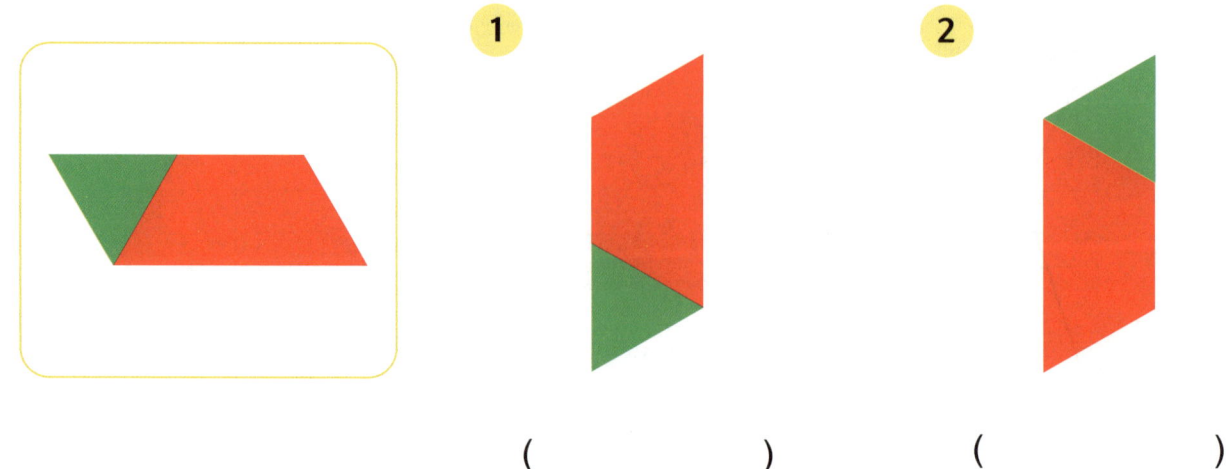

1   2

(   )   (   )

평면도형 돌리기

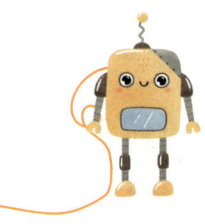

도형을 시계 반대 방향으로 돌리기

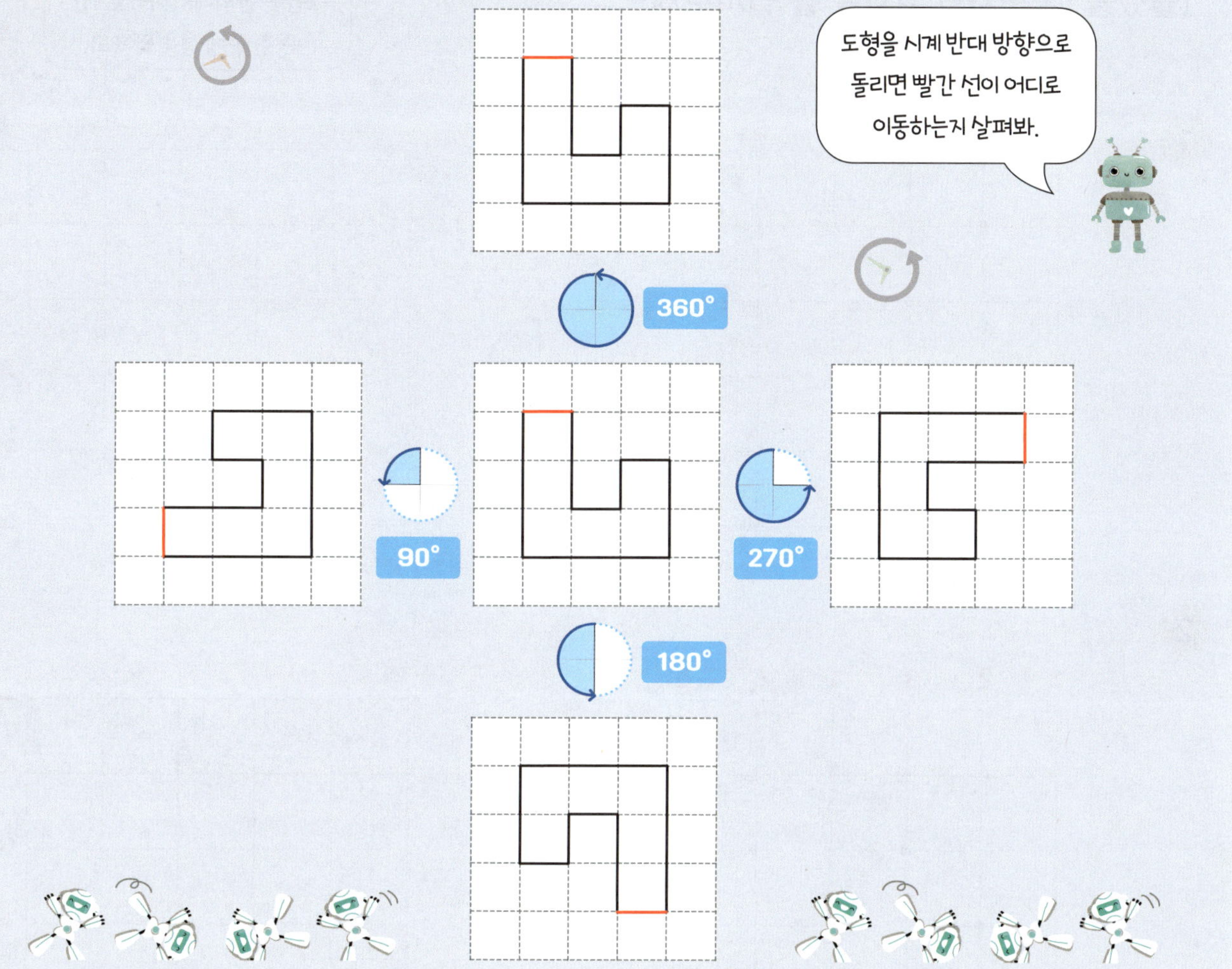

도형을 시계 반대 방향으로 돌리면 빨간 선이 어디로 이동하는지 살펴봐.

360°

90°

270°

180°

어떤 도형을 주어진 방향으로 돌렸을 때의 도형이 서로 같은 것끼리 선으로 이어 보세요.

시계 방향으로 90°만큼 돌리기		시계 반대 방향으로 360°만큼 돌리기
시계 방향으로 180°만큼 돌리기		시계 반대 방향으로 90°만큼 돌리기
시계 방향으로 270°만큼 돌리기		시계 반대 방향으로 270°만큼 돌리기
시계 방향으로 360°만큼 돌리기		시계 반대 방향으로 180°만큼 돌리기

평면도형 돌리기

1. 시계 방향으로 90°만큼 돌렸을 때의 위치를 찾아 점을 찍어 보세요.

(돌렸을 때 숫자의 위치를 잘 살펴보세요.)

2번 줄 맨 위에서 아래로 1칸 이동한 곳에 점을 찍어 봐.

1

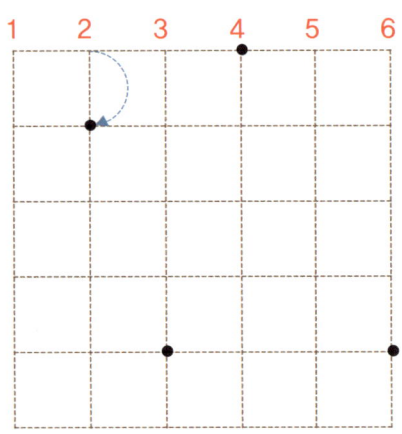
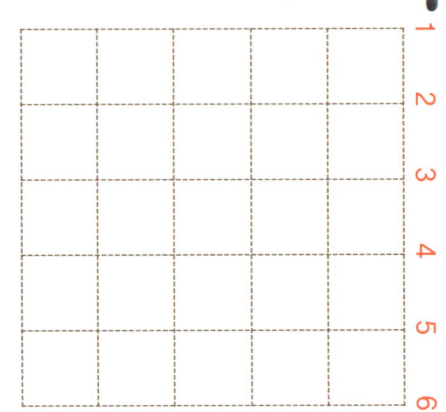

2

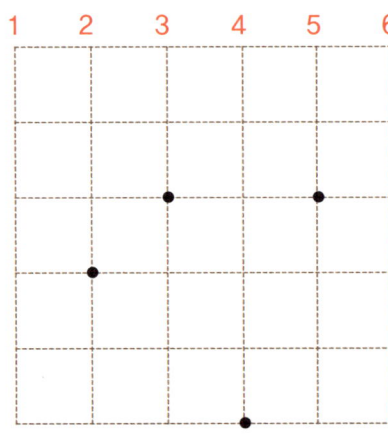

3

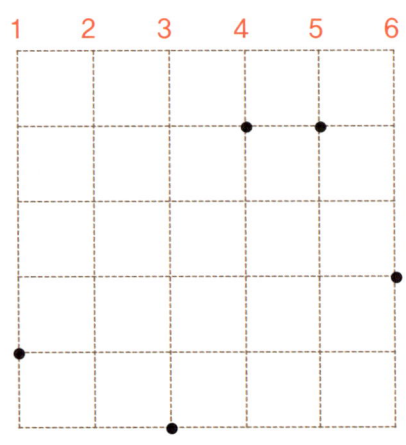

평면도형 돌리기

 시계 방향으로 90°만큼 돌렸을 때의 위치를 찾아 점을 찍어 보세요.
(돌렸을 때 숫자의 위치를 잘 살펴보세요.)

4

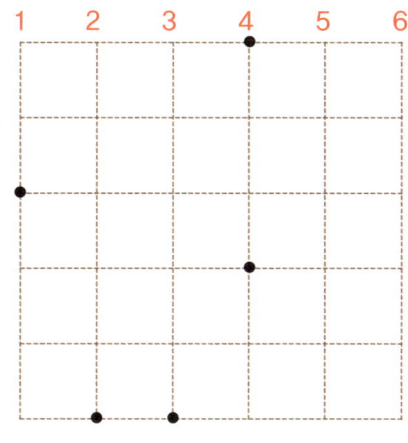
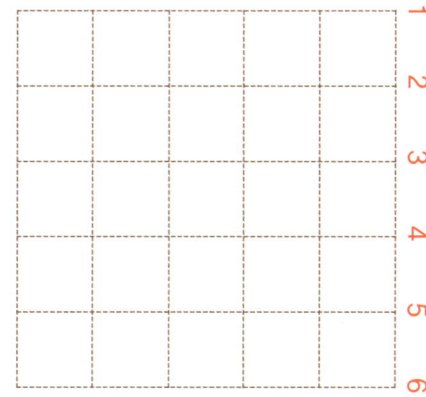

5

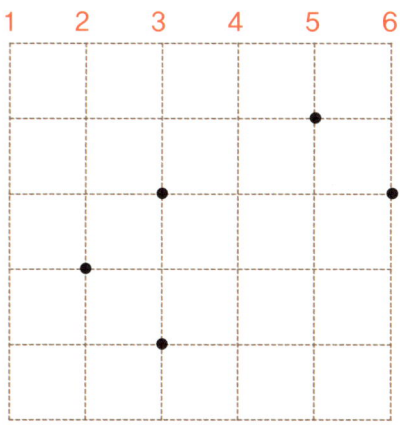

6

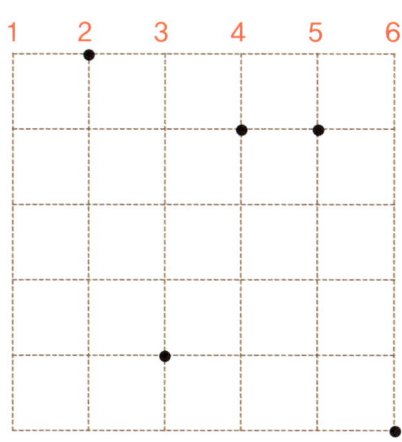
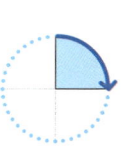
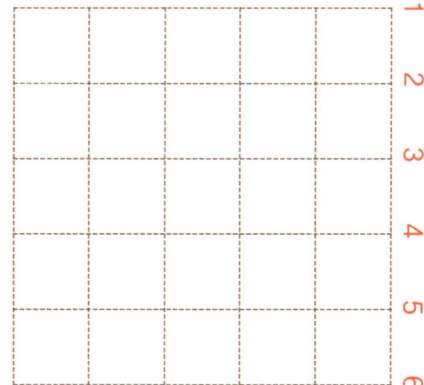

평면도형 돌리기

2. 시계 방향으로 90°만큼 돌렸을 때의 모양을 그려 보세요. (돌리기 카드로 확인해 보세요.)

> 점을 찍고 선으로 연결해 봐.

1

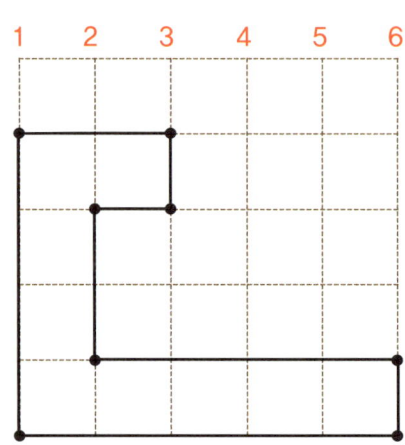

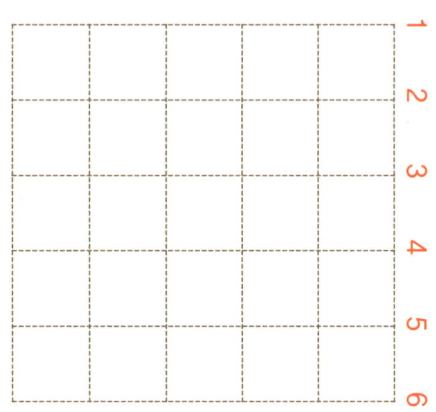

2

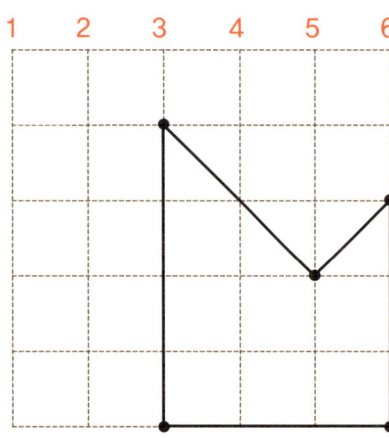

3

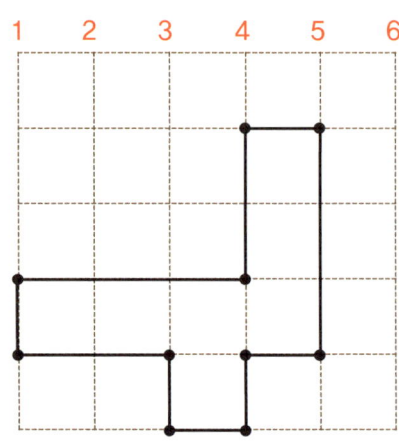

평면도형 돌리기

 시계 방향으로 90°만큼 돌렸을 때의 모양을 그려 보세요. (돌리기 카드로 확인해 보세요.)

4

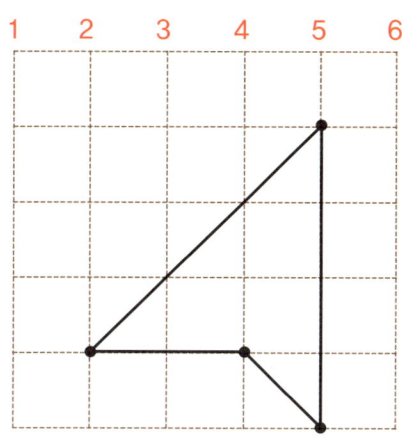 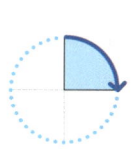 

5

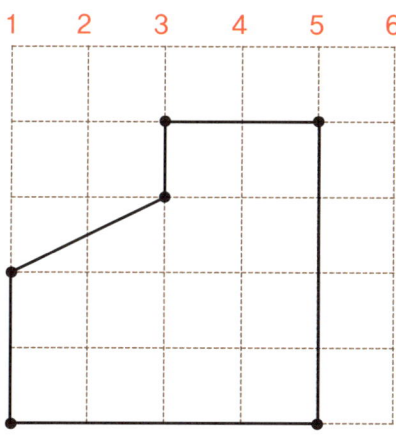 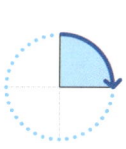 

6

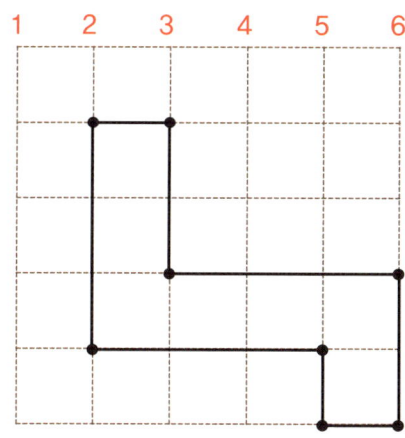 

평면도형 돌리기

시계 방향으로 90°만큼 돌렸을 때의 모양을 그려 보세요.

(숫자 없이 도전해 보고, 어려울 때는 직접 숫자를 써서 해결해 보세요.)

7

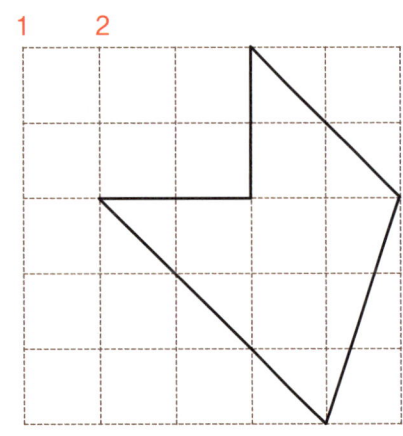

8

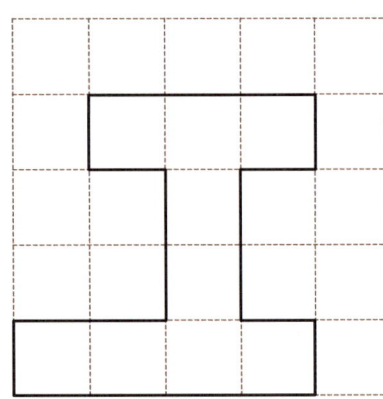

9

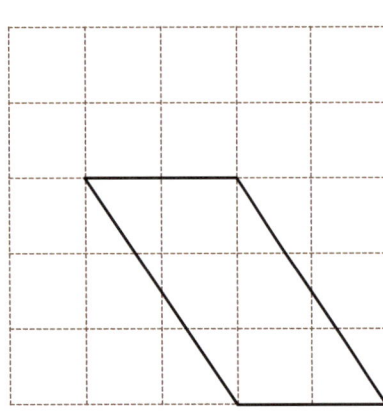
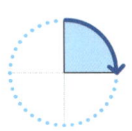

평면도형 돌리기

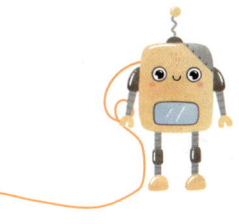

⬡ 시계 방향으로 90°만큼 돌렸을 때의 모양을 그려 보세요.

(숫자 없이 도전해 보고, 어려울 때는 직접 숫자를 써서 해결해 보세요.)

10

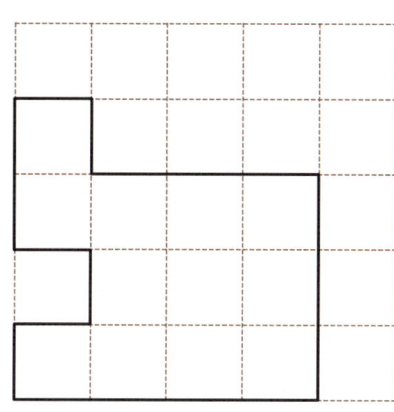

11

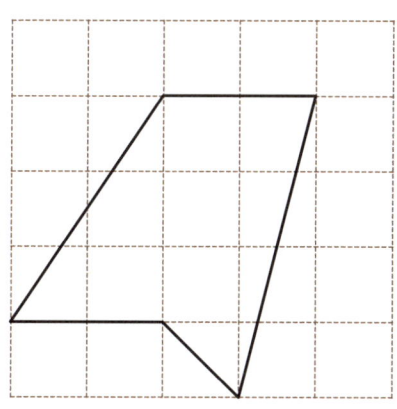

12

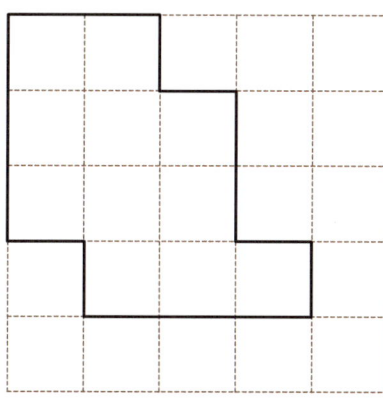
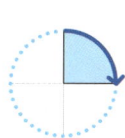

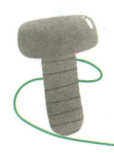

평면도형 돌리기

3. 시계 방향으로 180°만큼 돌렸을 때의 모양을 그려 보세요. (돌리기 카드로 확인해 보세요.)

점을 찍고 선으로 연결해 봐.

1

```
1  2  3  4  5  6
```

2

```
1  2  3  4  5  6
```

3

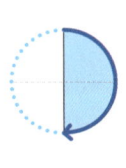

```
1  2  3  4  5  6
```

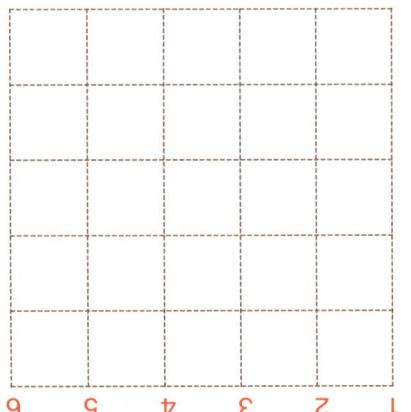

평면도형 돌리기

🌼 시계 방향으로 180°만큼 돌렸을 때의 모양을 그려 보세요. (돌리기 카드로 확인해 보세요.)

4

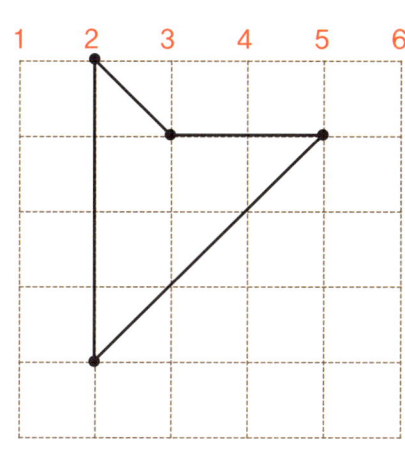

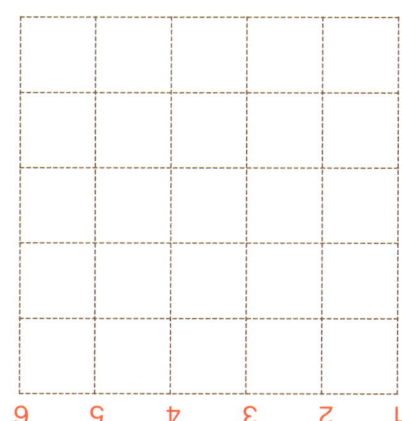

5

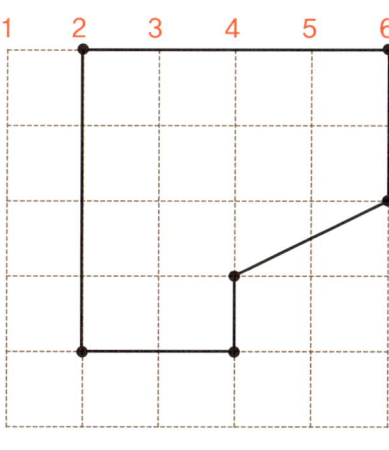

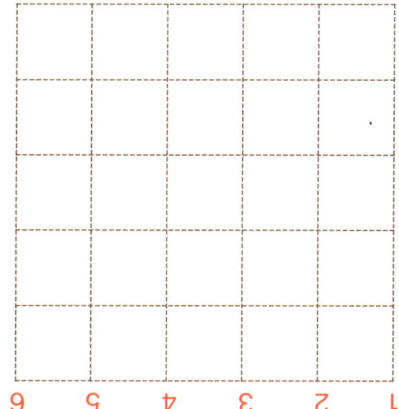

6

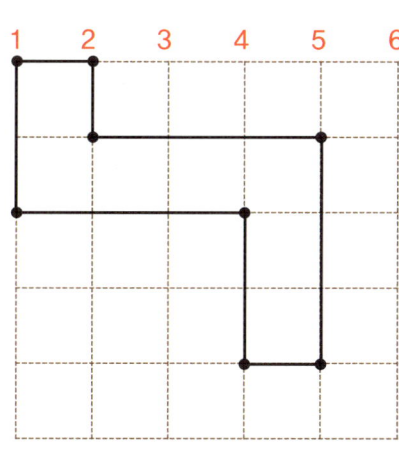

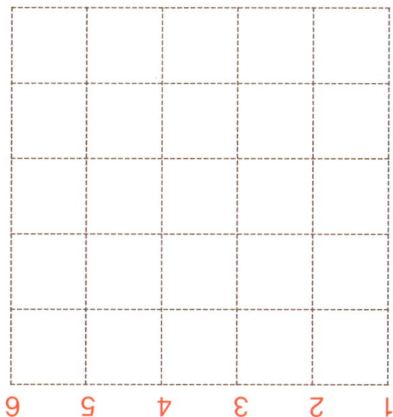

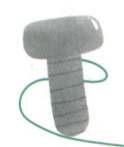

평면도형 돌리기

시계 방향으로 180°만큼 돌렸을 때의 모양을 그려 보세요.

(숫자 없이 도전해 보고, 어려울 때는 직접 숫자를 써서 해결해 보세요.)

7

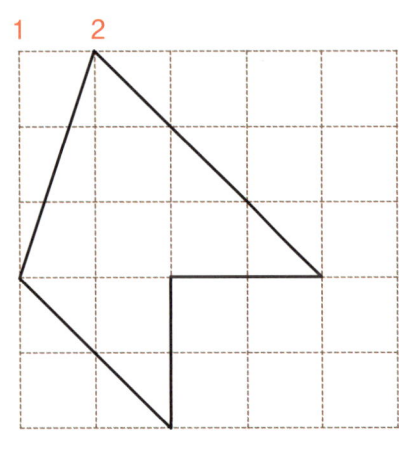

8

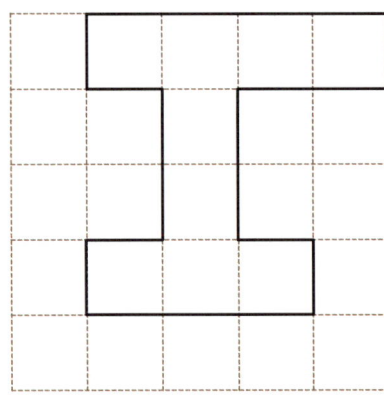

9

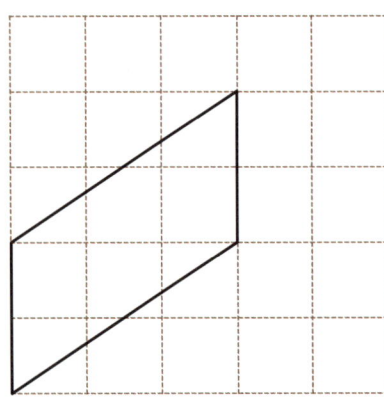

평면도형 돌리기

시계 방향으로 180°만큼 돌렸을 때의 모양을 그려 보세요.

(숫자 없이 도전해 보고, 어려울 때는 직접 숫자를 써서 해결해 보세요.)

10

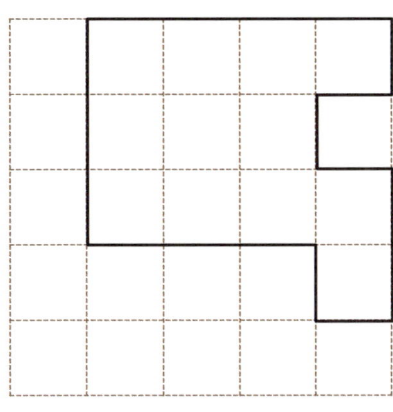 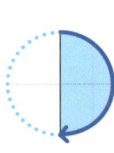

11

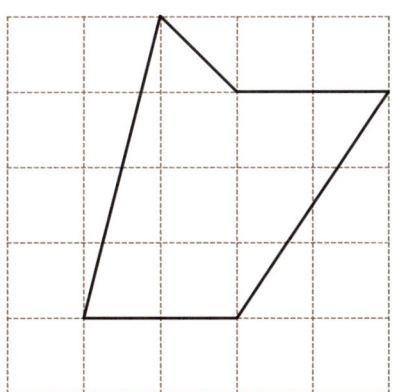 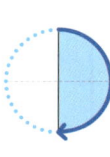 

12

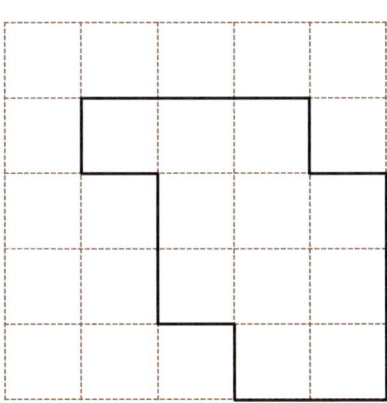 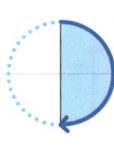

평면도형 돌리기

4. 시계 방향으로 270°만큼 돌렸을 때의 모양을 그려 보세요. (돌리기 카드로 확인해 보세요.)

점을 찍고 선으로 연결해 봐.

1

2

3

평면도형 돌리기

⬡ 시계 방향으로 270°만큼 돌렸을 때의 모양을 그려 보세요. (돌리기 카드로 확인해 보세요.)

4

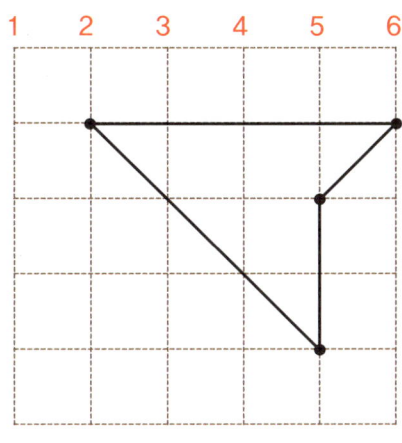

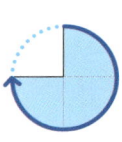

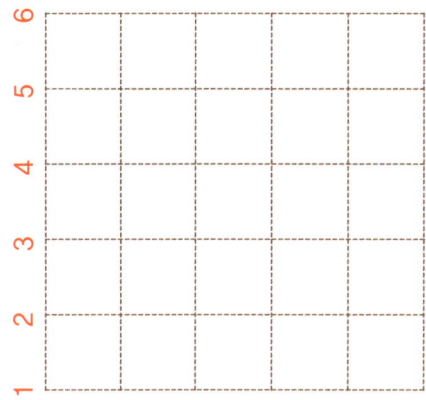

5

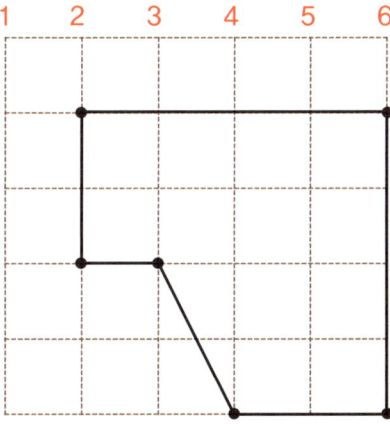

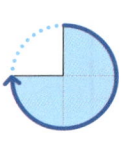

6

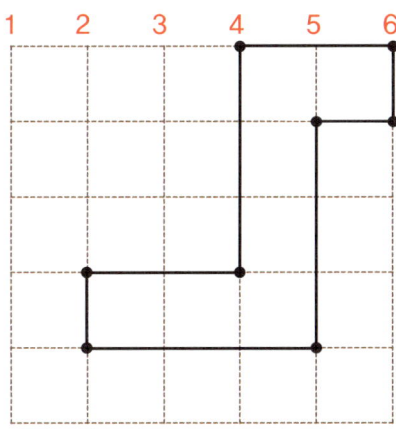

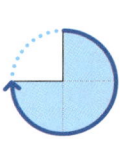

평면도형 돌리기

💡 시계 방향으로 270°만큼 돌렸을 때의 모양을 그려 보세요.

(숫자 없이 도전해 보고, 어려울 때는 직접 숫자를 써서 해결해 보세요.)

7

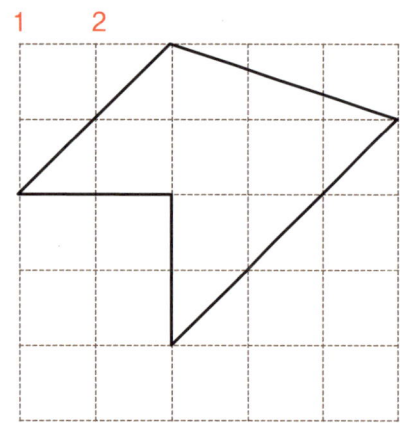

8

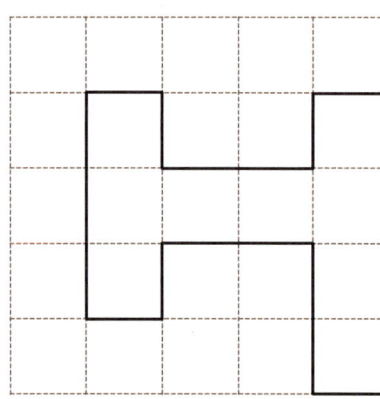

9

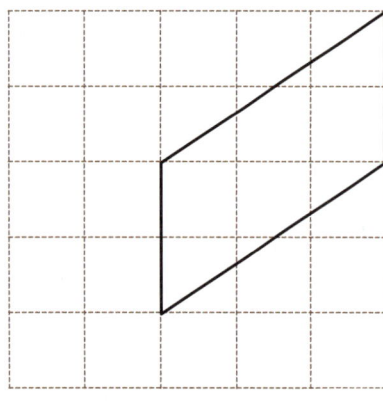

평면도형 돌리기

시계 방향으로 270°만큼 돌렸을 때의 모양을 그려 보세요.

(숫자 없이 도전해 보고, 어려울 때는 직접 숫자를 써서 해결해 보세요.)

10

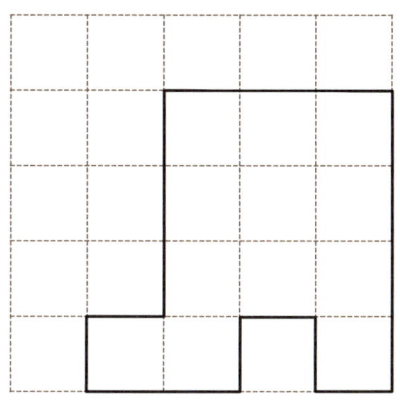

11

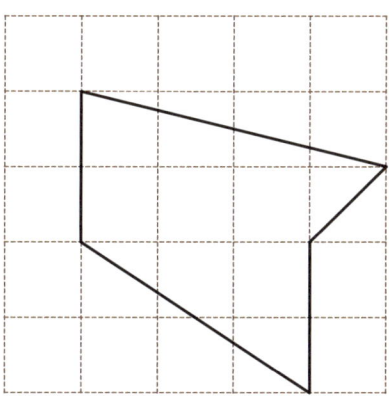

12

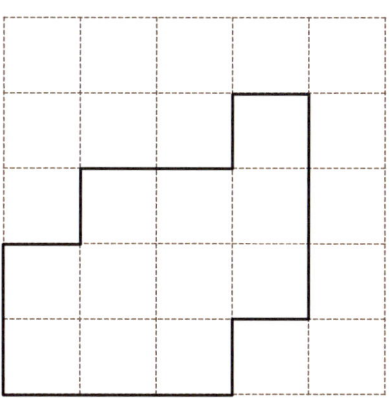
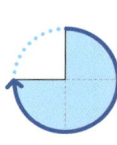

도형을 주어진 각도만큼 돌렸을 때의 도형을 그려 보세요.

> 돌리는 방향과 각도를 잘 살펴봐.

1

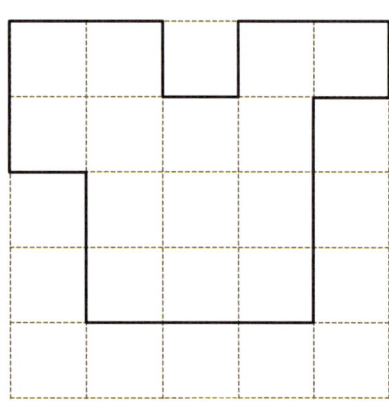

2

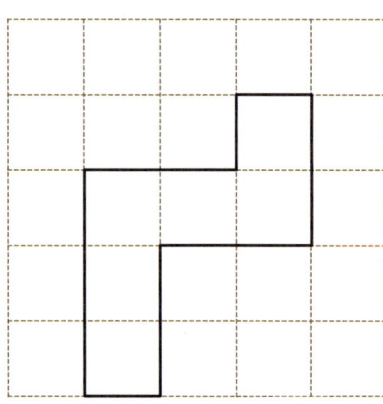

3

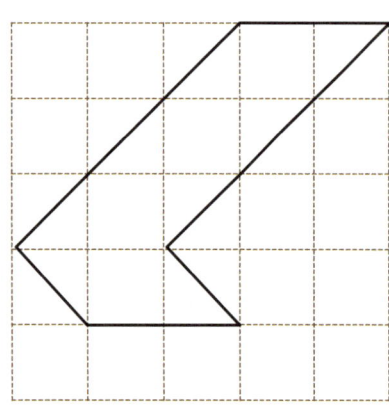

⚙ 도형을 주어진 각도만큼 돌렸을 때의 도형을 그려 보세요.

4

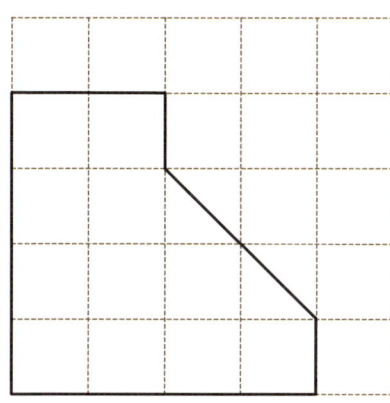

5

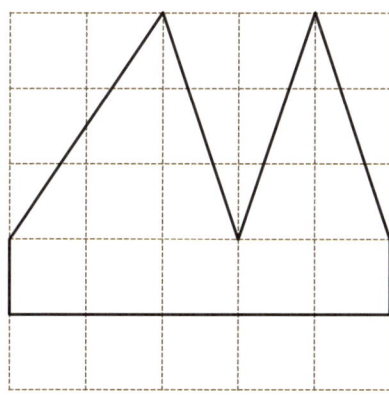

6

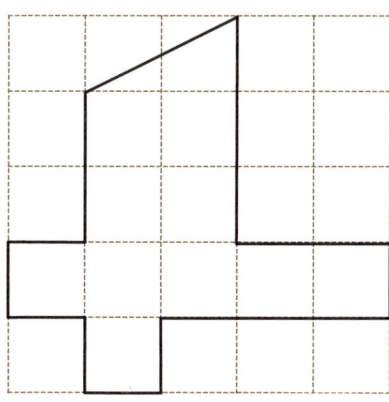

🔩 도형을 주어진 각도만큼 돌렸을 때의 도형을 그려 보세요.

7

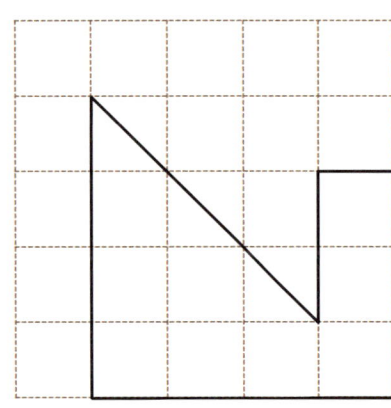

8

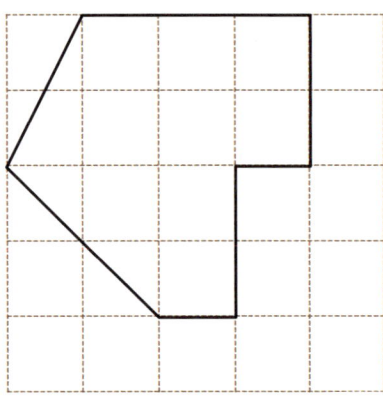

9

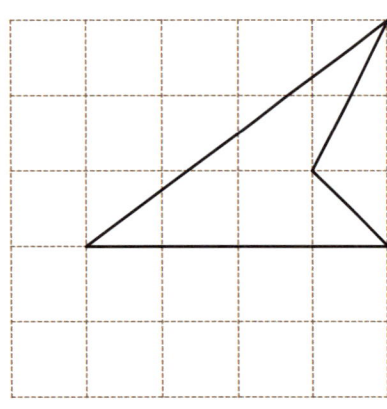

  연습 문제

⚙ 도형을 주어진 각도만큼 돌렸을 때의 도형을 그려 보세요.

10

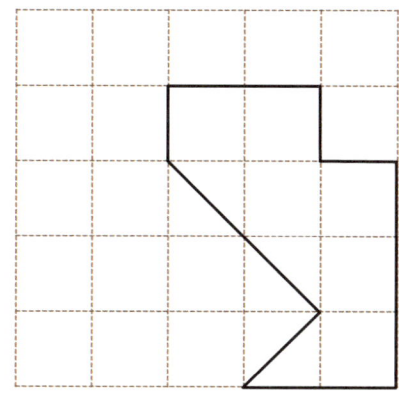

11

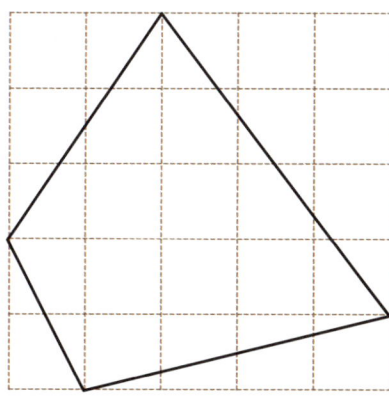

12

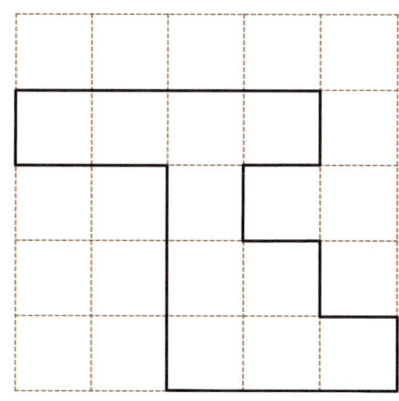

5. 평면도형 뒤집고 돌리기

⚙ 도형을 뒤집고 돌리기

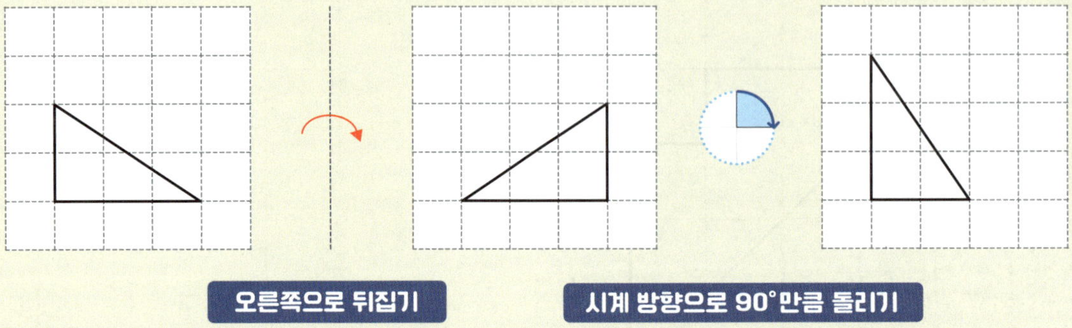

오른쪽으로 뒤집기

시계 방향으로 90°만큼 돌리기

⚙ 도형을 돌리고 뒤집기

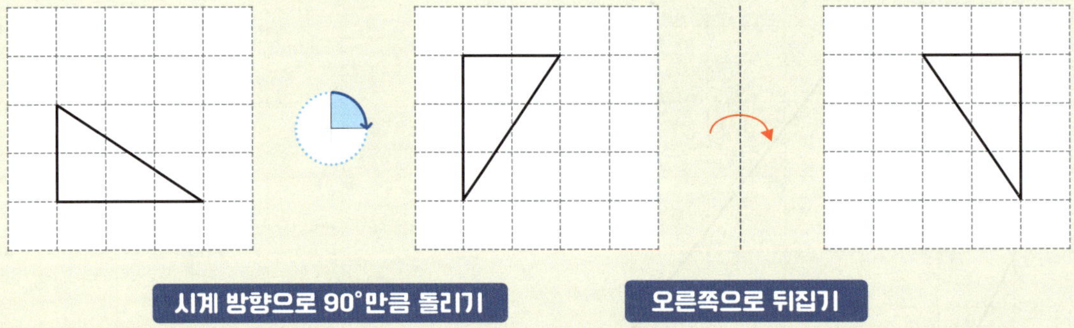

시계 방향으로 90°만큼 돌리기

오른쪽으로 뒤집기

🔩 조각을 오른쪽으로 뒤집고 시계 반대 방향으로 90°만큼 돌렸을 때의 모양에 ◯표 하세요.

(   )   (   )

평면도형 뒤집고 돌리기

1. 도형을 돌리고 뒤집거나, 뒤집고 돌렸을 때의 도형을 그려 보세요.

1

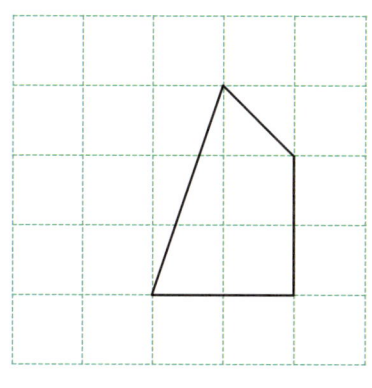
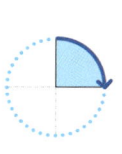

2

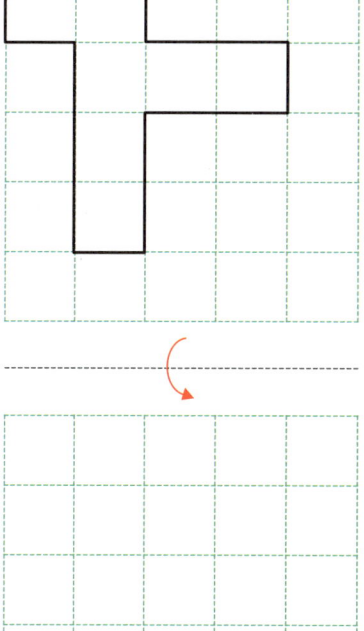

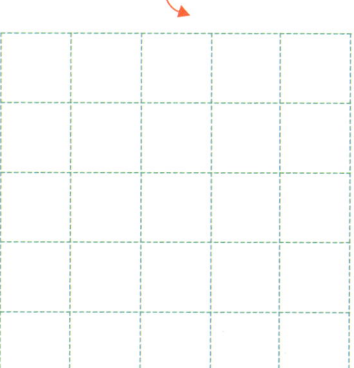

평면도형 뒤집고 돌리기

⚙ 도형을 돌리고 뒤집거나, 뒤집고 돌렸을 때의 도형을 그려 보세요.

3

4

평면도형 뒤집고 돌리기

⚙ 도형을 돌리고 뒤집거나, 뒤집고 돌렸을 때의 도형을 그려 보세요.

5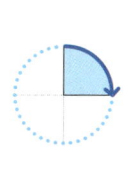

6

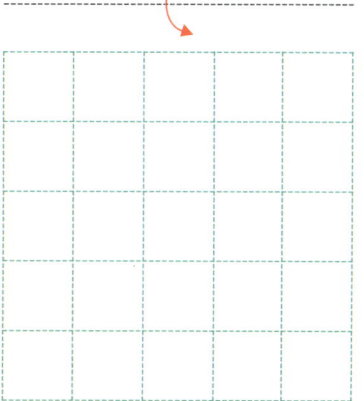

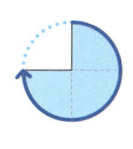

평면도형 뒤집고 돌리기

⬡ 도형을 돌리고 뒤집거나, 뒤집고 돌렸을 때의 도형을 그려 보세요.

7

8

평면도형 뒤집고 돌리기

🔧 도형을 돌리고 뒤집거나, 뒤집고 돌렸을 때의 도형을 그려 보세요.

9

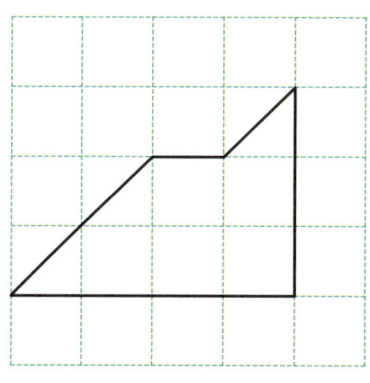
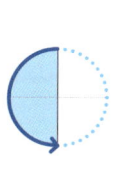

10

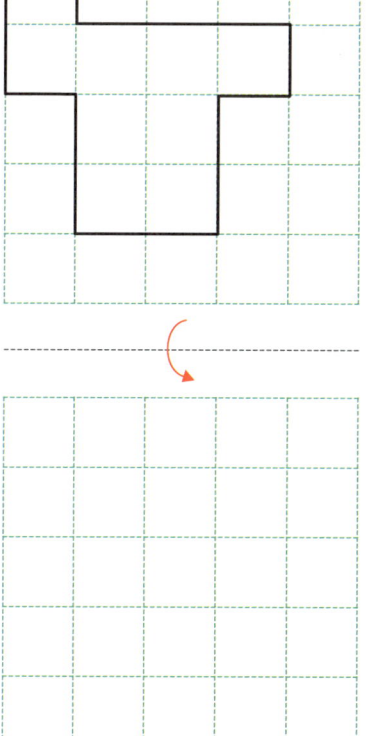

6. 여러 번 뒤집기와 돌리기

 같은 방향으로 여러 번 뒤집기

도형을 같은 방향으로 2번, 4번, 6번, … 뒤집은 도형은 처음 도형과 모양이 같습니다.
짝수 번

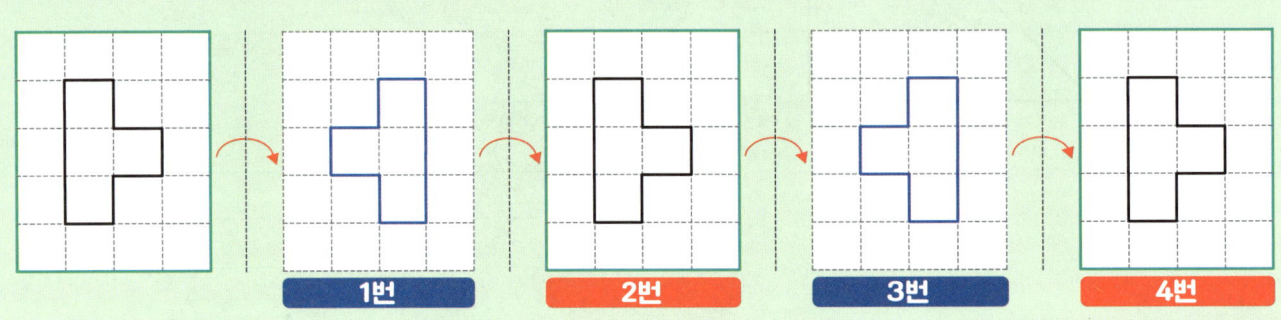

- 같은 방향으로 **짝수 번** 뒤집은 도형은 **처음 도형**과 같습니다.
- 같은 방향으로 **홀수 번** 뒤집은 도형은 **1번** 뒤집은 도형과 같습니다.

🔩 조각을 오른쪽으로 4번 뒤집은 모양에 ◯표 하세요.

　　　　　　　　　　(　　　　)　　　　(　　　　)

🔩 조각을 왼쪽으로 7번 뒤집은 모양에 ◯표 하세요.

　　　　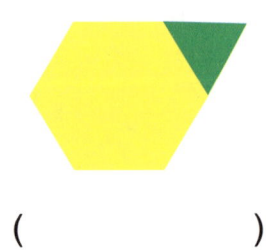　　　　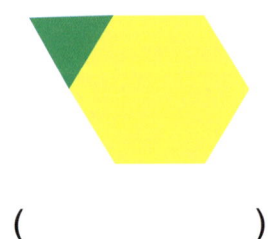

　　　　　　　　　　(　　　　)　　　　(　　　　)

여러 번 뒤집기와 돌리기

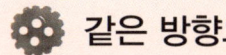 같은 방향으로 여러 번 돌리기

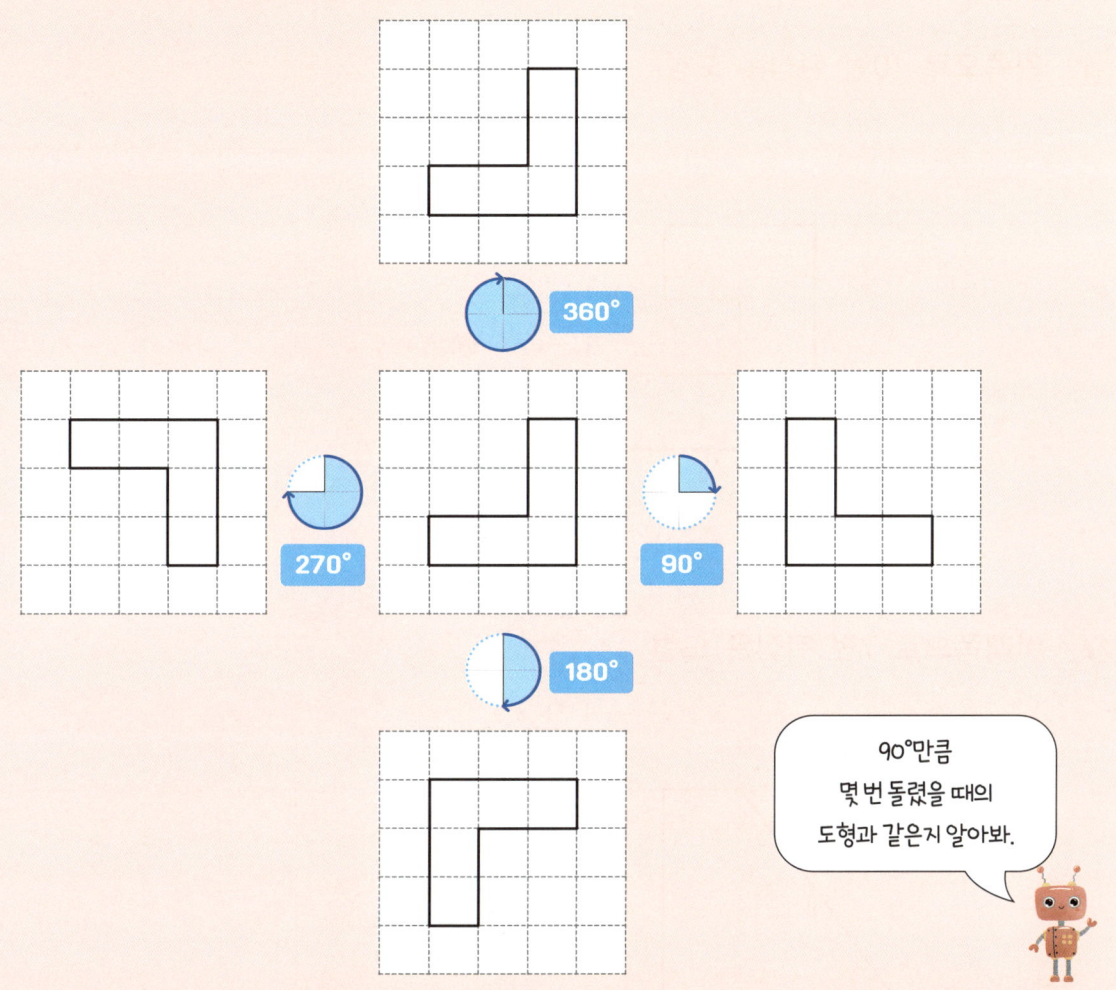

6. 여러 번 뒤집기와 돌리기 ··· 75

90°만큼
몇 번 돌렸을 때의
도형과 같은지 알아봐.

- 시계 방향 또는 시계 반대 방향으로 90°만큼 4번, 8번, 12번, … 돌리면 처음 도형과 같습니다.

- 시계 방향 또는 시계 반대 방향으로 180°만큼 2번, 4번, 6번, … 돌리면 처음 도형과 같습니다.

다음 도형을 시계 방향으로 90°만큼 5번 돌렸을 때의 도형과 같은 도형에 ◯표 하세요.

(   )

(   )

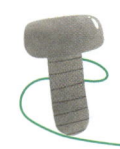

여러 번 뒤집기와 돌리기

1. 도형을 다음과 같이 여러 번 뒤집거나 돌린 도형을 그려 보세요.

① 왼쪽으로 10번 뒤집은 도형

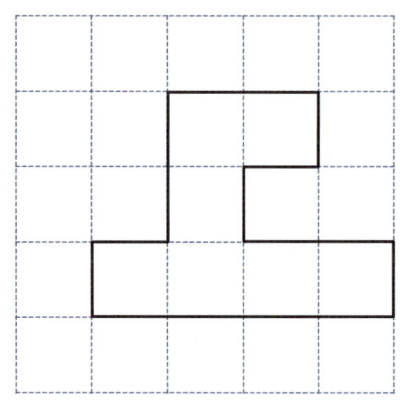 

② 아래쪽으로 7번 뒤집은 도형

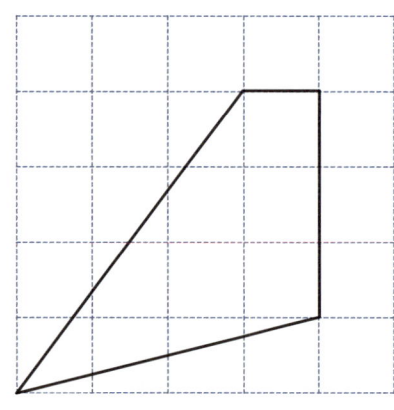 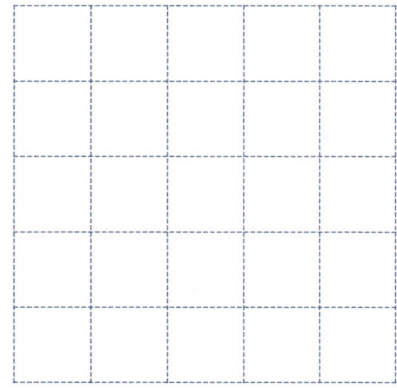

③ 시계 방향으로 90°만큼 3번 돌린 도형

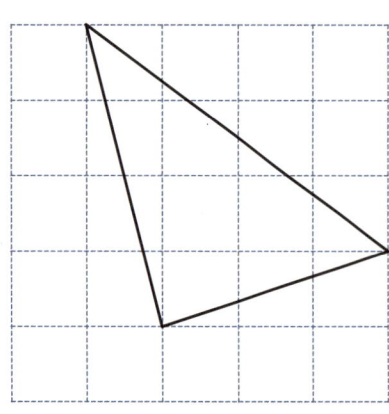 

여러 번 뒤집기와 돌리기

 도형을 다음과 같이 여러 번 뒤집거나 돌린 도형을 그려 보세요.

4 시계 방향으로 90°만큼 4번 돌린 도형

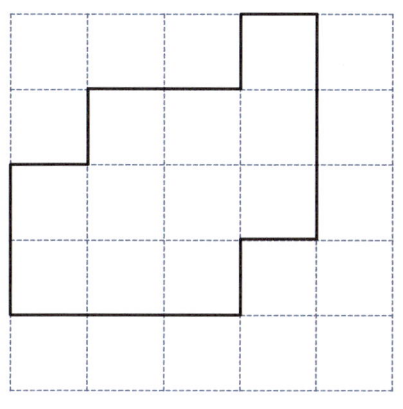

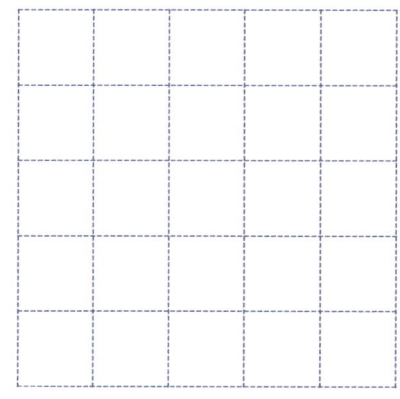

5 시계 반대 방향으로 180°만큼 5번 돌린 도형

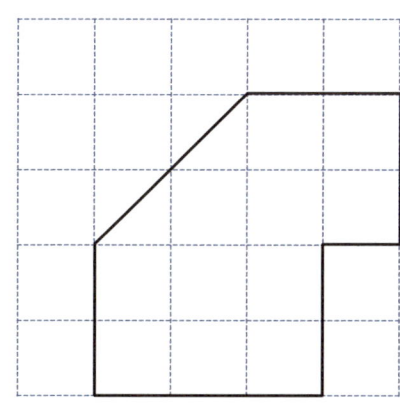

6 오른쪽으로 9번 뒤집은 도형

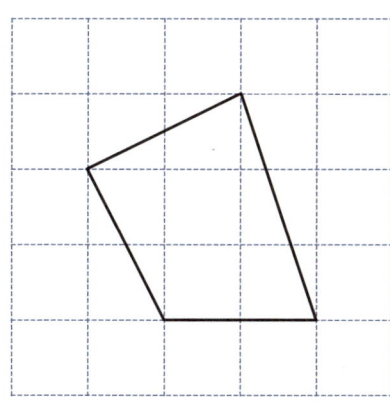

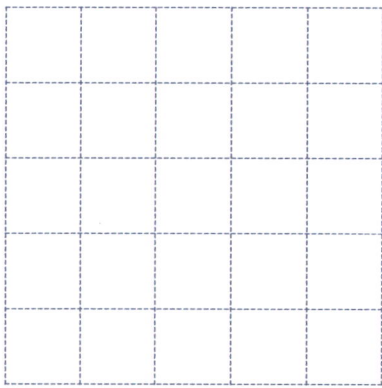

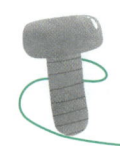

여러 번 뒤집기와 돌리기

2. 도형을 다음과 같이 여러 번 뒤집거나 돌린 도형을 그려 보세요.

1 왼쪽으로 10번 뒤집은 후 시계 방향으로 180°만큼 돌린 도형

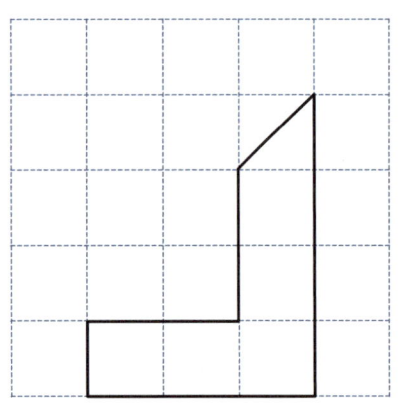 

2 아래쪽으로 7번 뒤집은 후 시계 방향으로 180°만큼 2번 돌린 도형

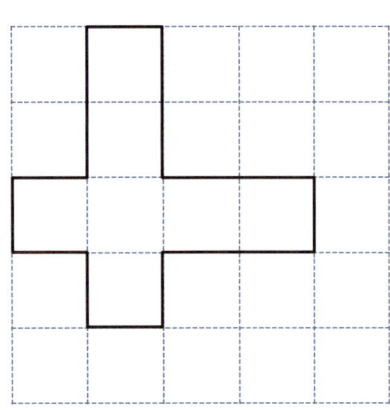 

3 시계 방향으로 90°만큼 3번 돌린 후 오른쪽으로 6번 뒤집은 도형

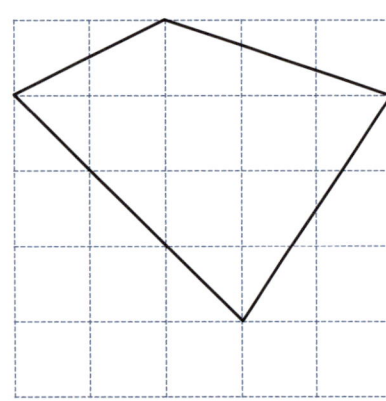 

여러 번 뒤집기와 돌리기

🔩 도형을 다음과 같이 여러 번 뒤집거나 돌린 도형을 그려 보세요.

4 시계 방향으로 90°만큼 5번 돌린 후 위쪽으로 10번 뒤집은 도형

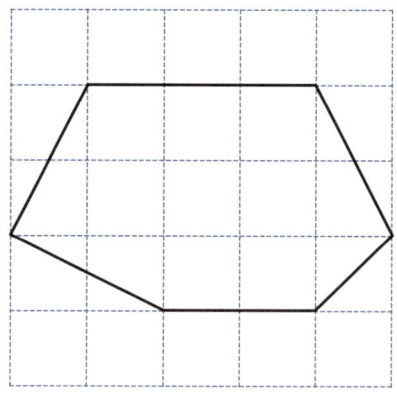 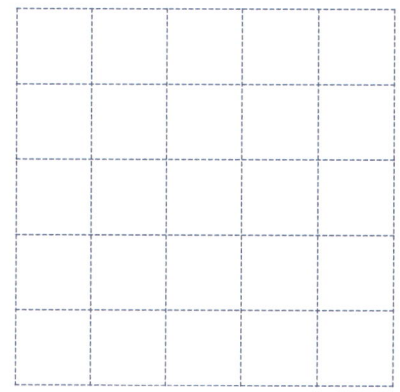

5 아래쪽으로 6번 뒤집은 후 시계 반대 방향으로 180°만큼 5번 돌린 도형

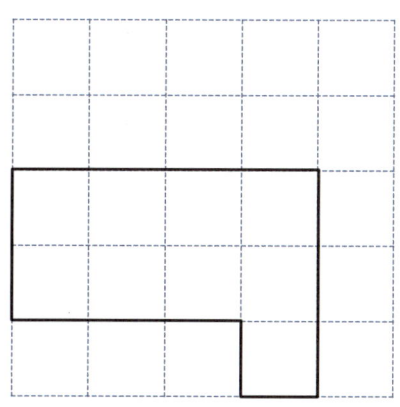 

6 오른쪽으로 5번 뒤집은 후 시계 방향으로 90°만큼 4번 돌린 도형

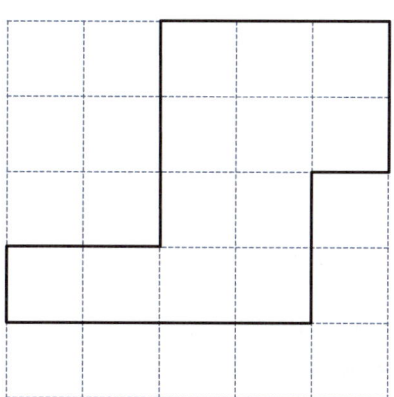

7. 어떻게 움직였는지 알아보기

⚙️ 뒤집은 도형을 보고 어떻게 뒤집었는지 알아보기

빨간색 선이 어디로
이동했는지 생각해 봐.

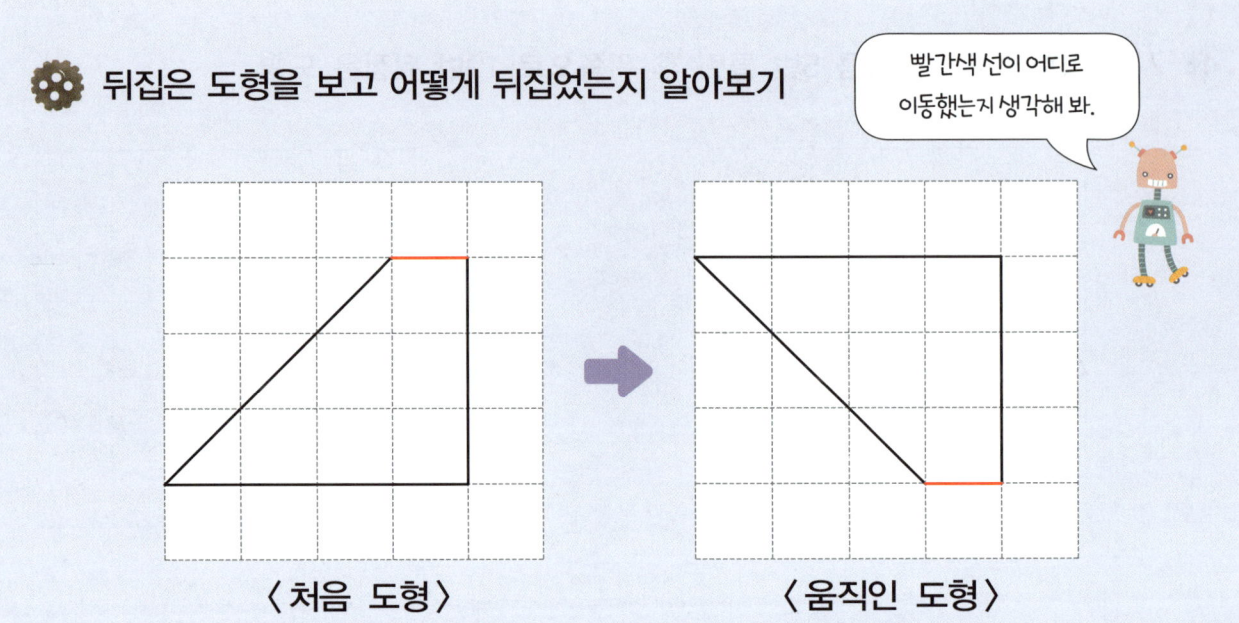

〈처음 도형〉　　　　　　〈움직인 도형〉

두 도형의 위쪽과 아래쪽이 서로 바뀌었으므로
처음 도형을 위쪽 또는 아래쪽으로 뒤집은 것입니다.

⚙️ 돌린 도형을 보고 어떻게 돌렸는지 알아보기

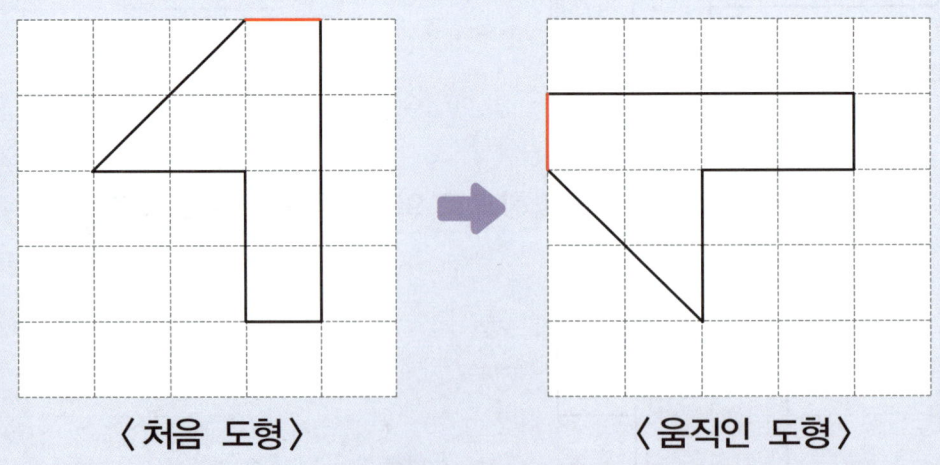

〈처음 도형〉　　　　　　〈움직인 도형〉

처음 도형의 위쪽 부분이 왼쪽으로 이동했으므로
처음 도형을 시계 반대 방향으로 90° 또는 시계 방향으로 270°만큼 돌린 것입니다.

어떻게 움직였는지 알아보기

1. 한 번 움직인 도형을 보고 어떻게 움직였는지 알맞은 것에 ◯표 하세요.

①

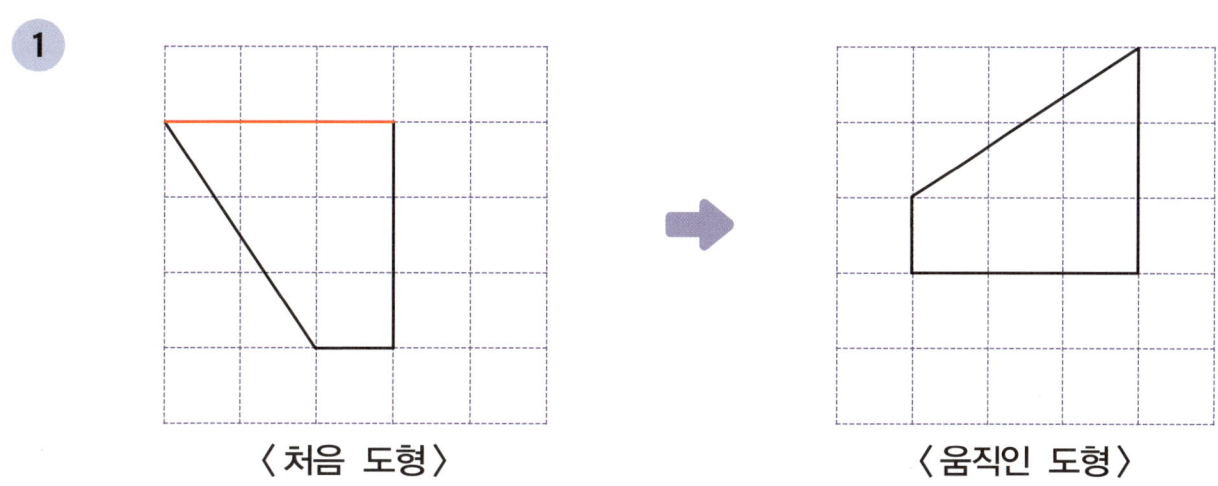

〈 처음 도형 〉 ➡ 〈 움직인 도형 〉

처음 도형을 시계 방향으로 (90°, 180°, 270°)만큼 돌린 것입니다.

②

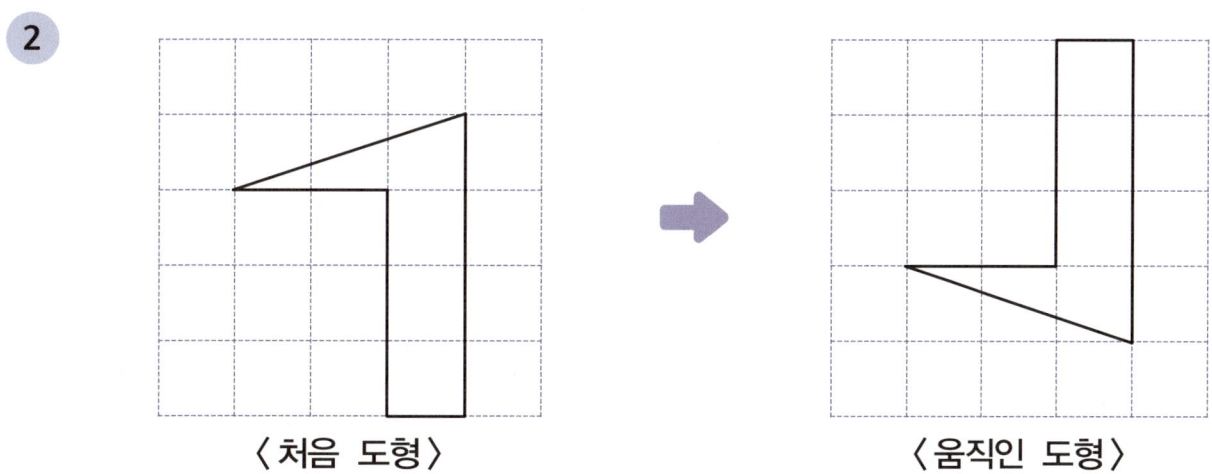

〈 처음 도형 〉 ➡ 〈 움직인 도형 〉

처음 도형을 (오른쪽 , 아래쪽)으로 뒤집은 것입니다.

어떻게 움직였는지 알아보기

🔩 한 번 움직인 도형을 보고 어떻게 움직였는지 알맞은 것에 ◯표 하세요.

3 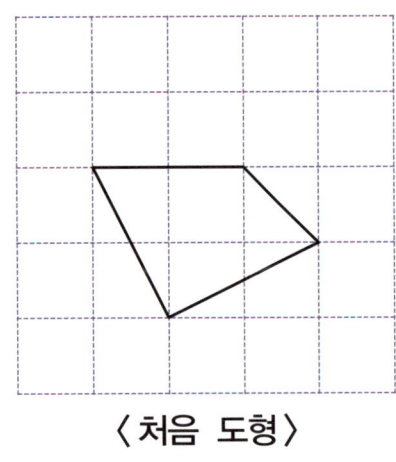 →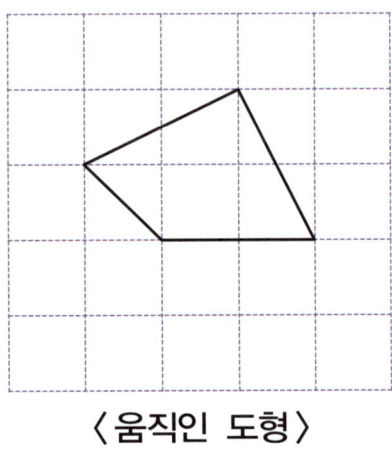

〈처음 도형〉　　　　　〈움직인 도형〉

처음 도형을 시계 방향으로 (90°, 180°, 270°)만큼 돌린 것입니다.

4 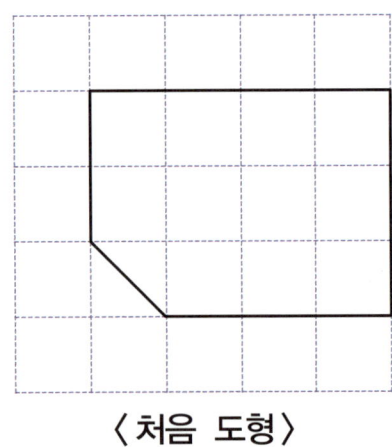 →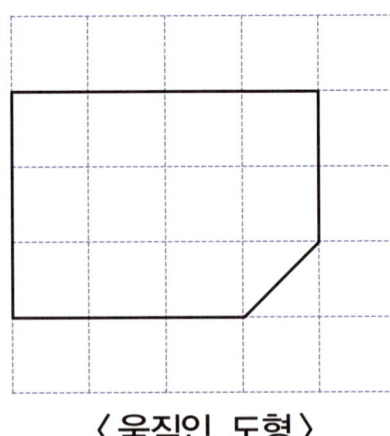

〈처음 도형〉　　　　　〈움직인 도형〉

처음 도형을 (위쪽 , 왼쪽)으로 뒤집은 것입니다.

어떻게 움직였는지 알아보기

한 번 움직인 도형을 보고 어떻게 움직였는지 알맞은 것에 ◯표 하세요.

5

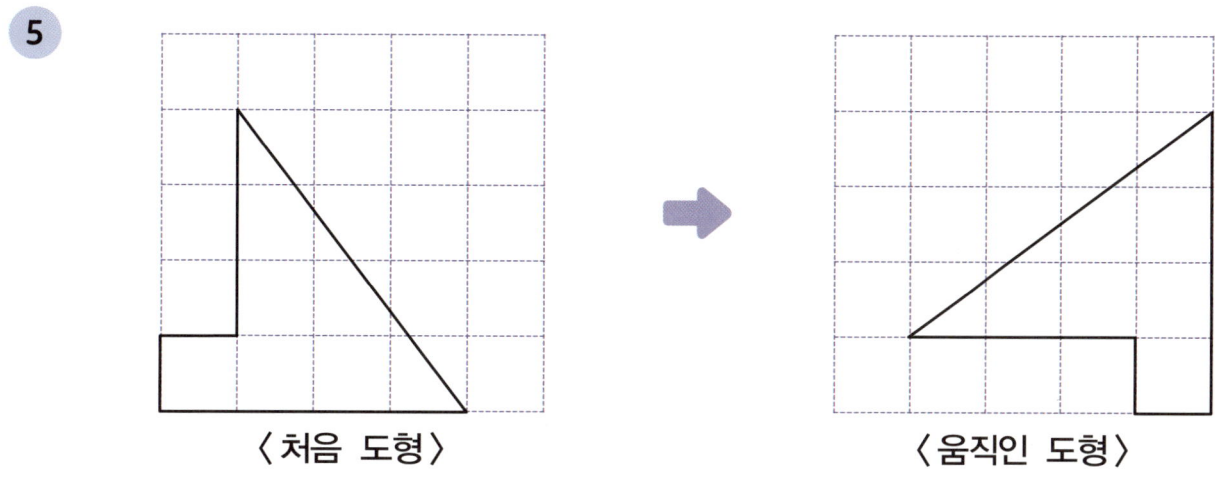

〈 처음 도형 〉 → 〈 움직인 도형 〉

처음 도형을 시계 반대 방향으로 (90°, 180°, 270°)만큼 돌린 것입니다.

6

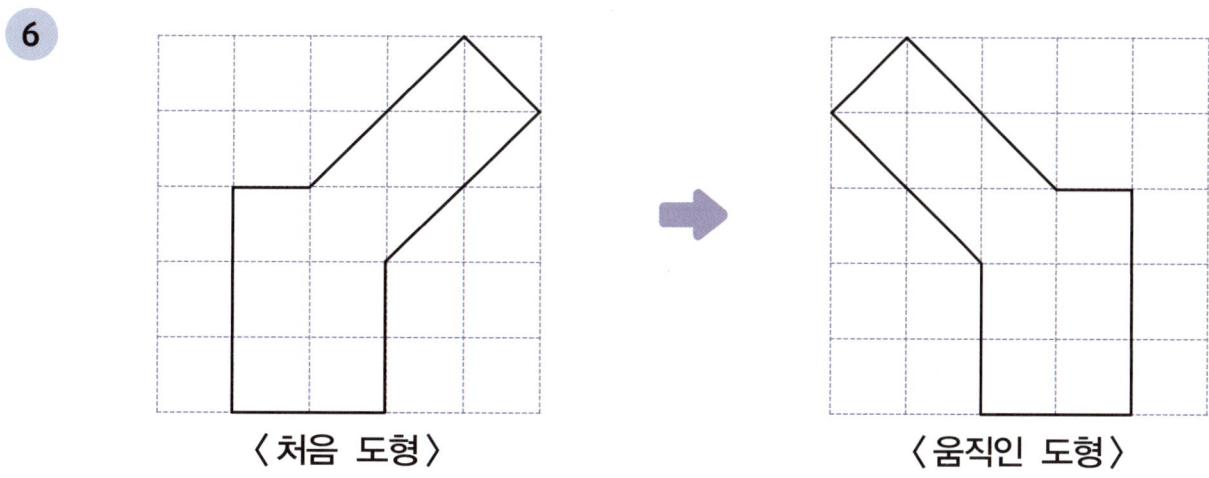

〈 처음 도형 〉 → 〈 움직인 도형 〉

처음 도형을 (위쪽 , 오른쪽)으로 뒤집은 것입니다.

2. 두 번 움직인 도형을 보고 어떻게 움직였는지 알맞은 것에 ◯표 하세요.

1

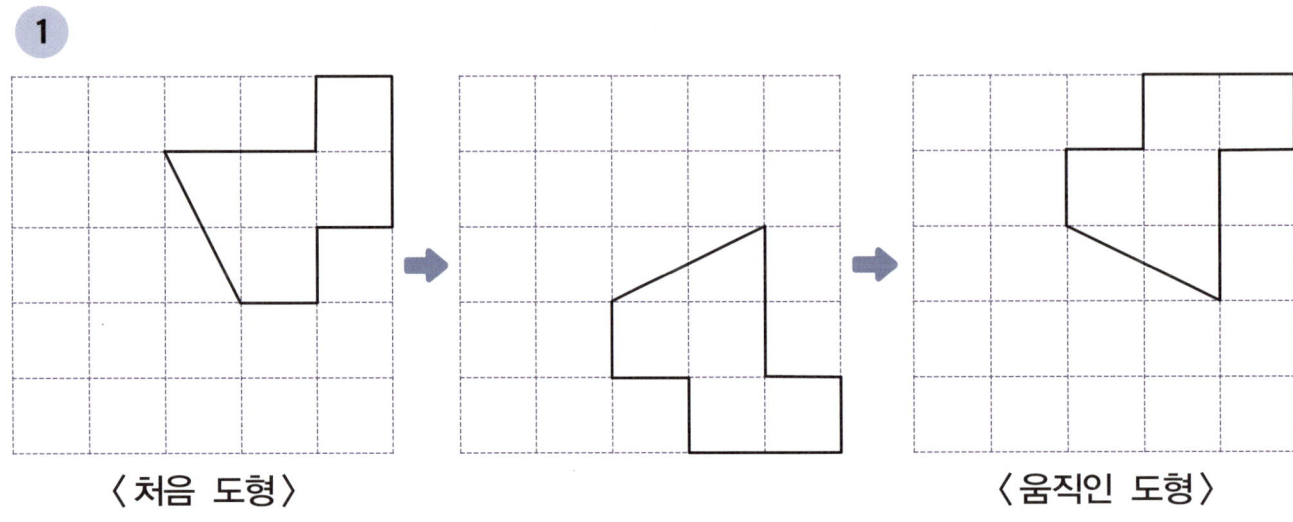

〈처음 도형〉 　　　　　　　　　　　　　　　　　〈움직인 도형〉

처음 도형을 시계 방향으로 (90°, 180°, 270°)만큼 돌린 뒤

(위쪽 , 왼쪽)으로 뒤집은 것입니다.

2

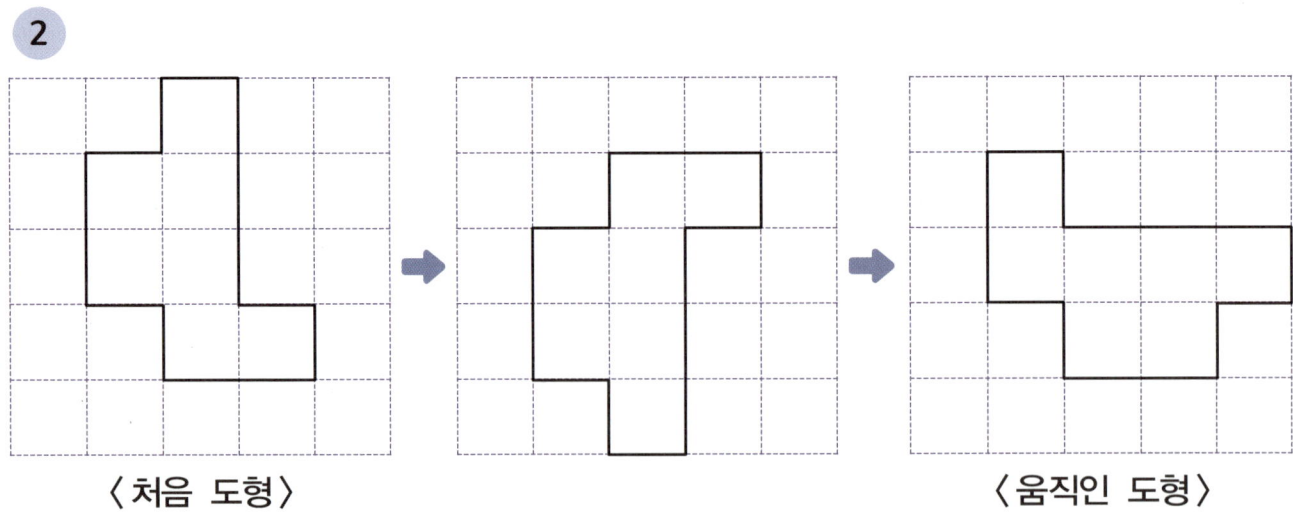

〈처음 도형〉 　　　　　　　　　　　　　　　　　〈움직인 도형〉

처음 도형을 (아래쪽 , 오른쪽)으로 뒤집은 뒤

시계 방향으로 (90°, 180°, 270°)만큼 돌린 것입니다.

어떻게 움직였는지 알아보기

두 번 움직인 도형을 보고 어떻게 움직였는지 알맞은 것에 ◯표 하세요.

③

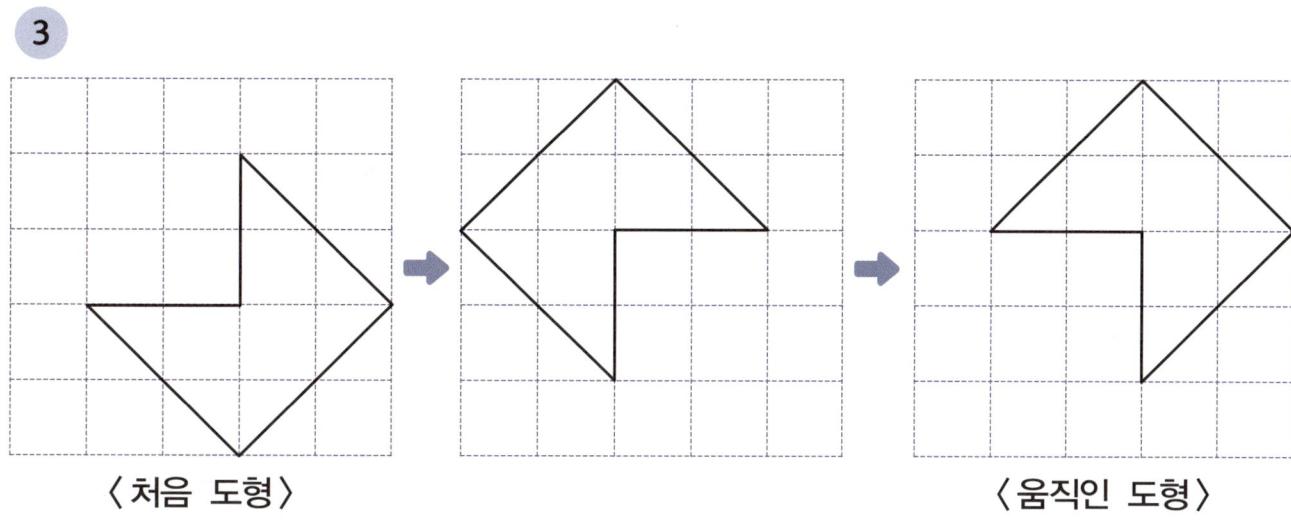

〈 처음 도형 〉　　　　　　　　　　　　　　　　〈 움직인 도형 〉

처음 도형을 시계 반대 방향으로 (90°, 180°, 270°)만큼 돌린 뒤

(위쪽 , 왼쪽)으로 뒤집은 것입니다.

④

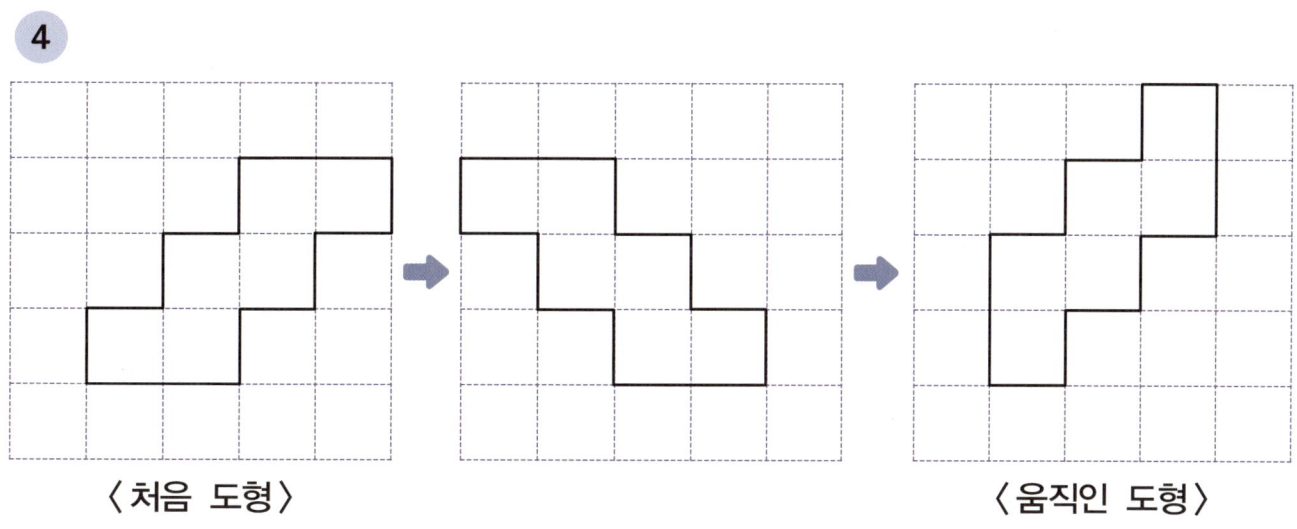

〈 처음 도형 〉　　　　　　　　　　　　　　　　〈 움직인 도형 〉

처음 도형을 (오른쪽 , 아래쪽)으로 뒤집은 뒤

시계 방향으로 (90°, 180°, 270°)만큼 돌린 것입니다.

어떻게 움직였는지 알아보기

두 번 움직인 도형을 보고 어떻게 움직였는지 알맞은 것에 ◯표 하세요.

5

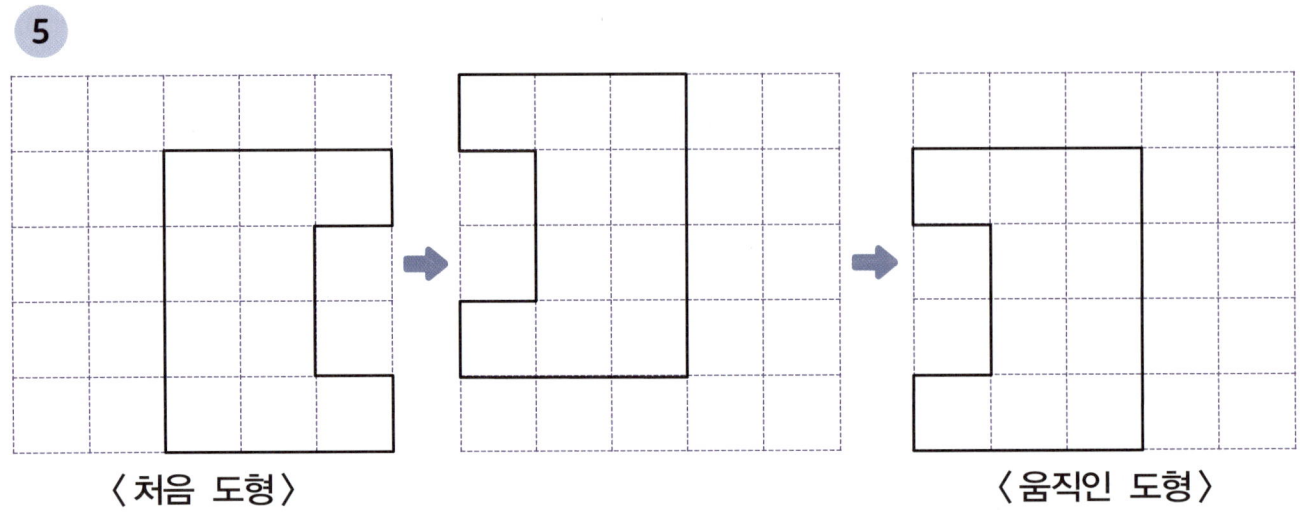

〈 처음 도형 〉　　　　　　　　　　　　　　　　　　　　　　〈 움직인 도형 〉

처음 도형을 시계 방향으로 (90°, 180°, 270°)만큼 돌린 뒤

(오른쪽 , 위쪽)으로 뒤집은 것입니다.

6

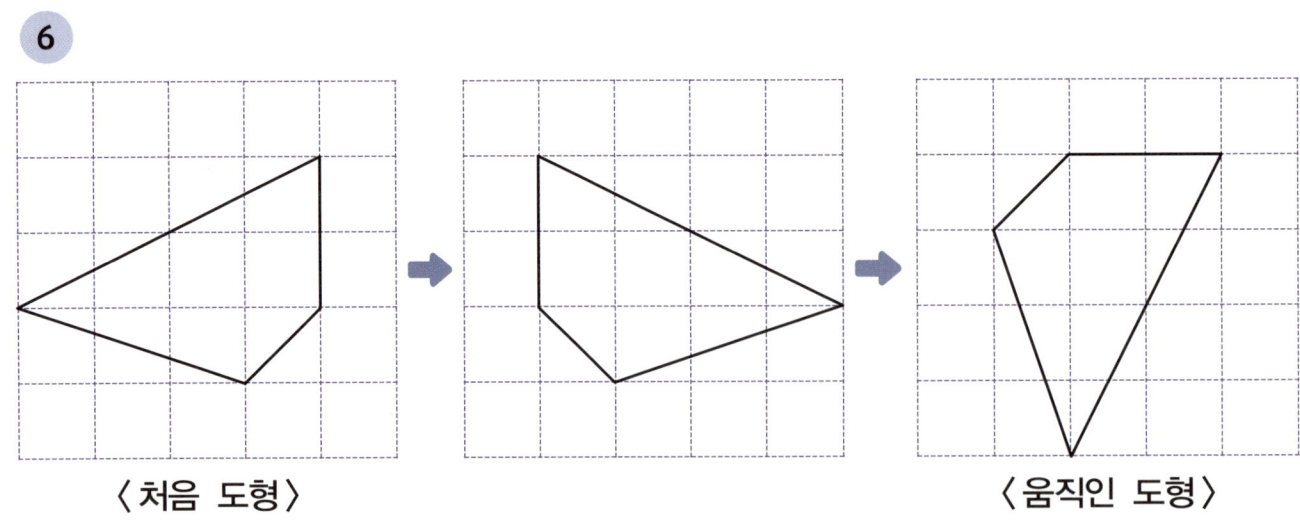

〈 처음 도형 〉　　　　　　　　　　　　　　　　　　　　　　〈 움직인 도형 〉

처음 도형을 (왼쪽 , 아래쪽)으로 뒤집은 뒤

시계 반대 방향으로 (90°, 180°, 270°)만큼 돌린 것입니다.

3. 두 번 움직인 도형을 보고 어떻게 움직였는지 알맞은 설명을 찾아 기호를 쓰세요.

①

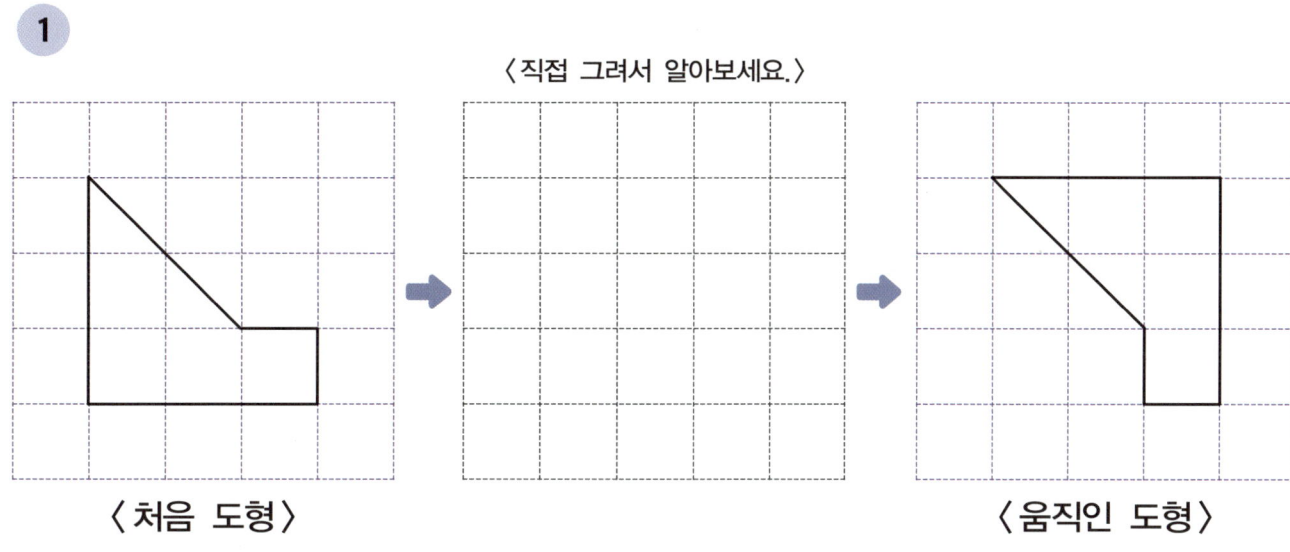

〈 직접 그려서 알아보세요. 〉

〈 처음 도형 〉　　　　〈 움직인 도형 〉

ㄱ 처음 도형을 시계 방향으로 180°만큼 돌린 뒤 아래쪽으로 뒤집은 것입니다.

ㄴ 처음 도형을 시계 방향으로 90°만큼 돌린 뒤 오른쪽으로 뒤집은 것입니다.

답 _____

②

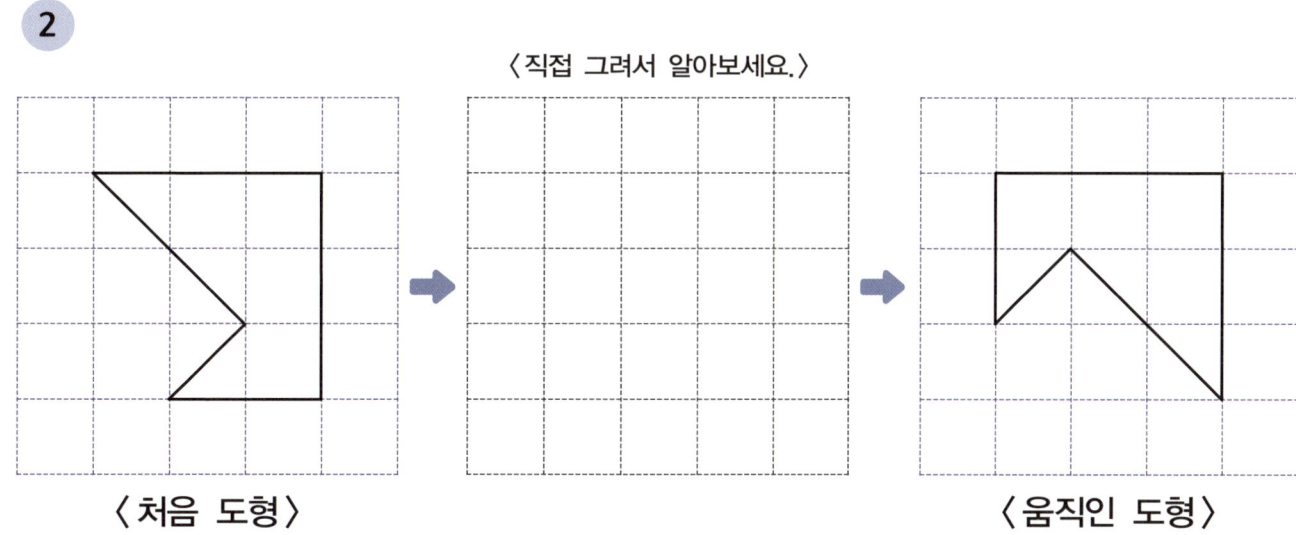

〈 직접 그려서 알아보세요. 〉

〈 처음 도형 〉　　　　〈 움직인 도형 〉

ㄱ 처음 도형을 왼쪽으로 뒤집은 뒤 시계 방향으로 90°만큼 돌린 것입니다.

ㄴ 처음 도형을 시계 반대 방향으로 90°만큼 돌린 뒤 위쪽으로 뒤집은 것입니다.

답 _____

어떻게 움직였는지 알아보기

두 번 움직인 도형을 보고 어떻게 움직였는지 알맞은 설명을 찾아 기호를 쓰세요.

3

〈직접 그려서 알아보세요.〉

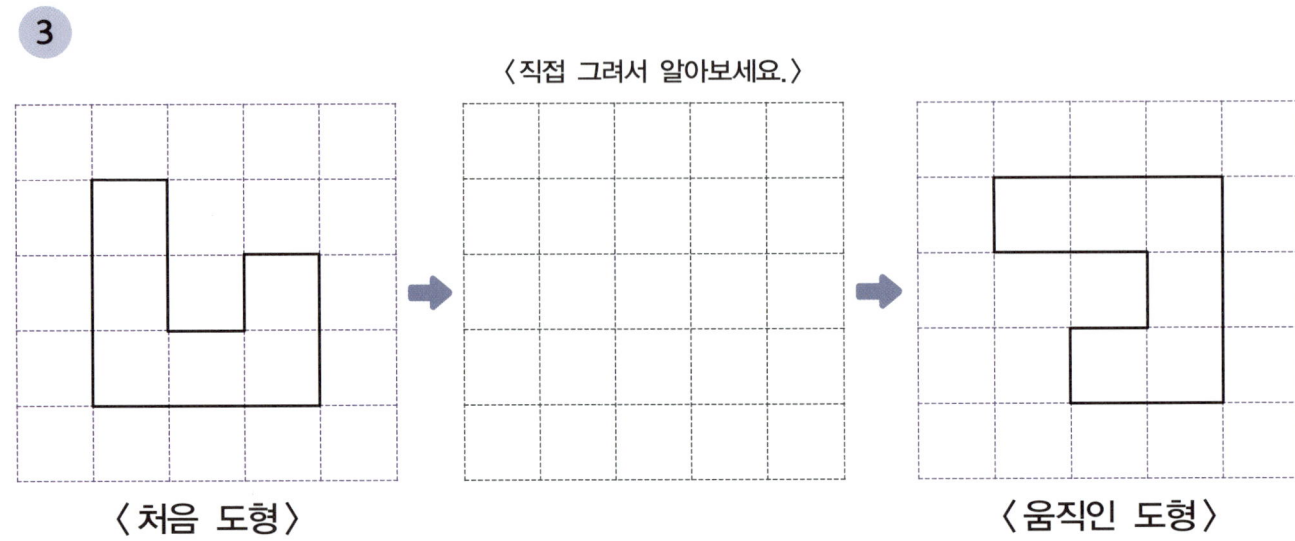

〈처음 도형〉 〈움직인 도형〉

ㄱ 처음 도형을 위쪽으로 뒤집은 뒤 시계 방향으로 180°만큼 돌린 것입니다.

ㄴ 처음 도형을 오른쪽으로 뒤집은 뒤 시계 반대 방향으로 90°만큼 돌린 것입니다.

답 _____

4

〈직접 그려서 알아보세요.〉

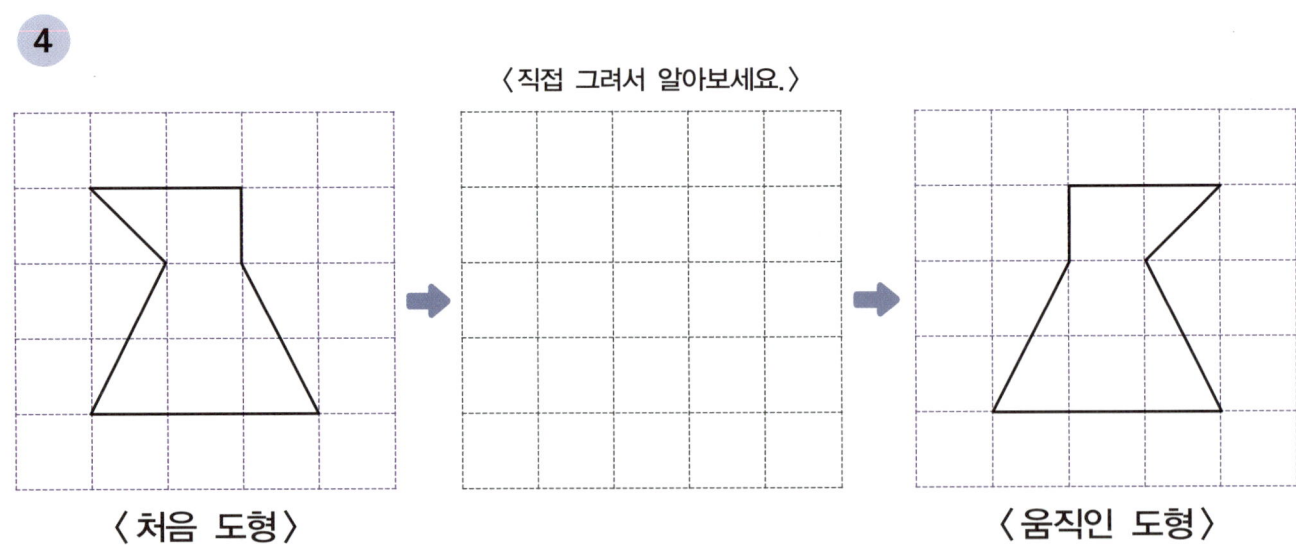

〈처음 도형〉 〈움직인 도형〉

ㄱ 처음 도형을 아래쪽으로 뒤집은 뒤 시계 방향으로 180°만큼 돌린 것입니다.

ㄴ 처음 도형을 오른쪽으로 5번 뒤집은 뒤 시계 반대 방향으로 90°만큼 돌린 것입니다.

답 _____

8. 처음 도형 그리기

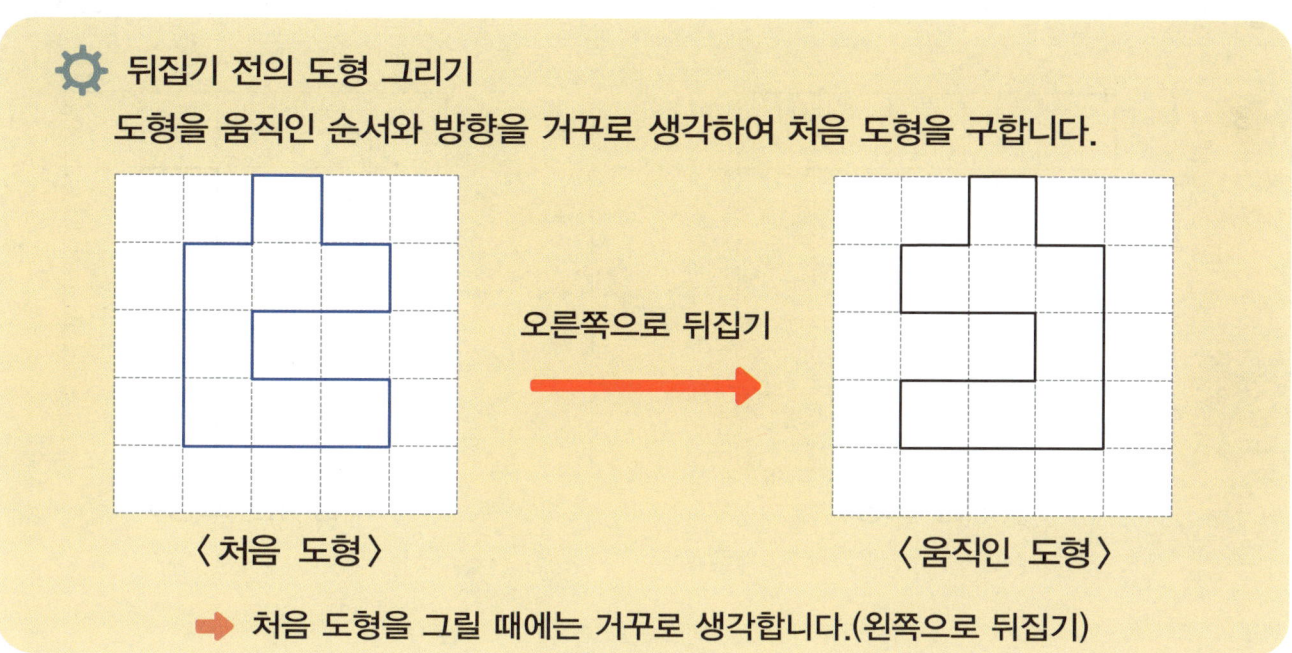

오른쪽으로 뒤집기

〈처음 도형〉   〈움직인 도형〉

➡ 처음 도형을 그릴 때에는 거꾸로 생각합니다.(왼쪽으로 뒤집기)

움직인 도형은 처음 도형을 오른쪽으로 뒤집은 것입니다. 처음 도형을 그려 보세요.

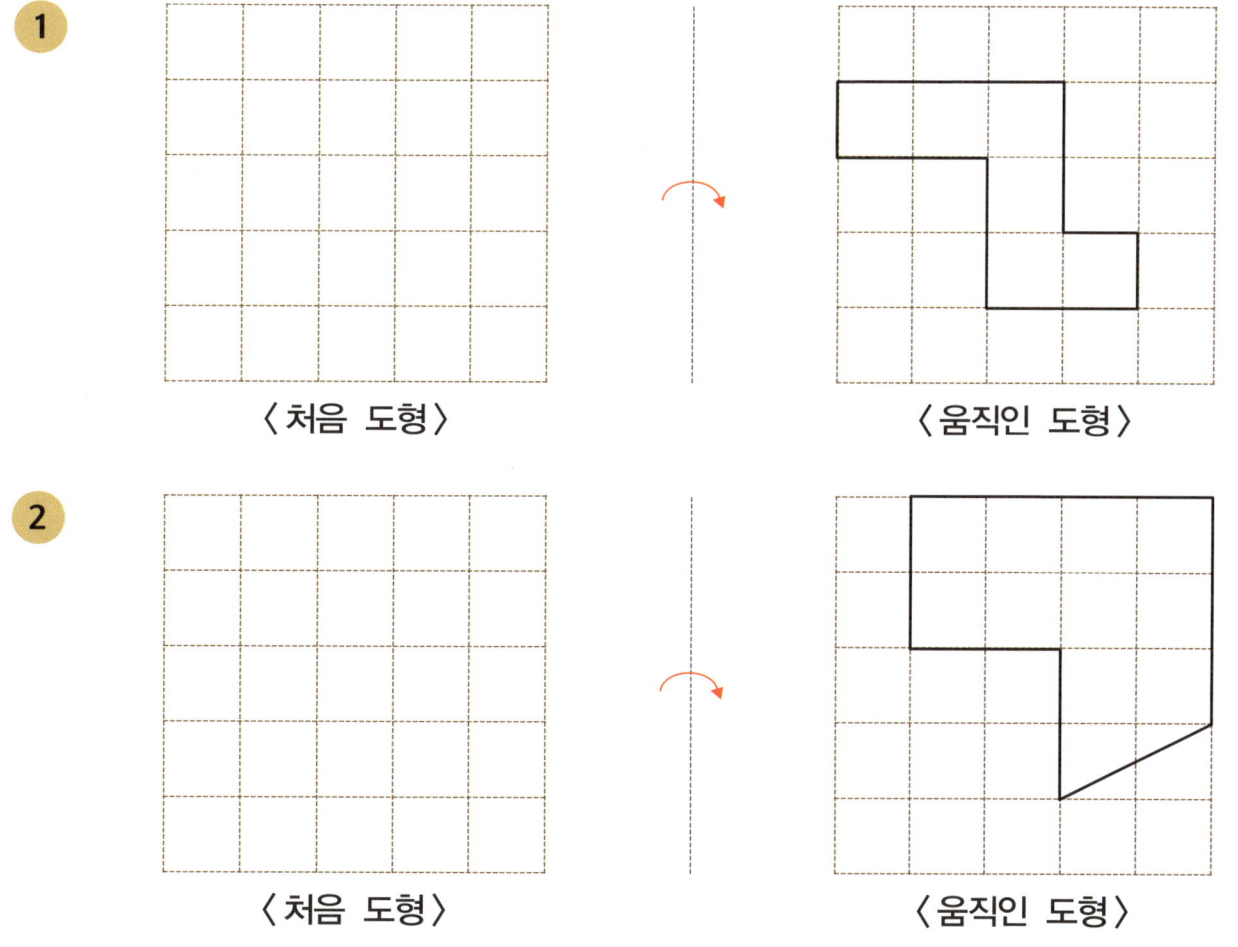

1

〈처음 도형〉   〈움직인 도형〉

2

〈처음 도형〉   〈움직인 도형〉

처음 도형 그리기

🔩 움직인 도형은 처음 도형을 주어진 방향으로 뒤집은 것입니다. 처음 도형을 그려 보세요.

3

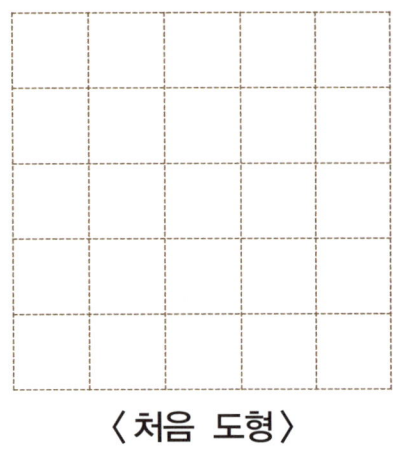

〈처음 도형〉   〈움직인 도형〉

4

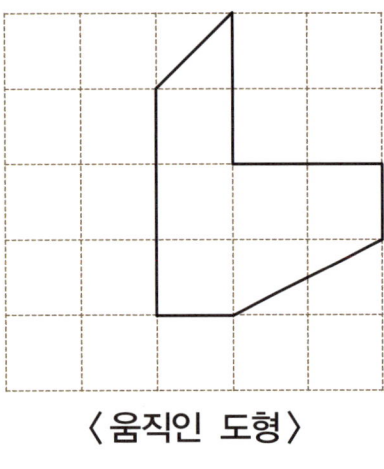

〈움직인 도형〉

〈처음 도형〉

5

〈처음 도형〉

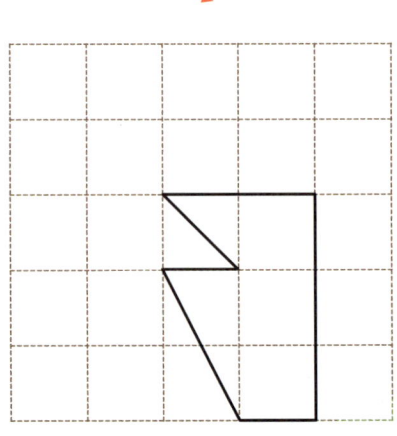

〈움직인 도형〉

처음 도형 그리기

⚙ 돌리기 전의 도형 그리기

도형을 움직인 방향을 거꾸로 생각하여 처음 도형을 구합니다.

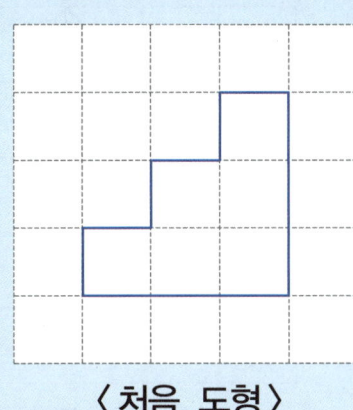

〈 처음 도형 〉

시계 방향으로
90°만큼 돌리기

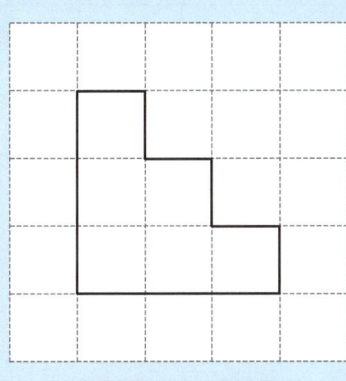

〈 움직인 도형 〉

➡ 처음 도형을 그릴 때에는 거꾸로 생각합니다. (시계 반대 방향으로 90°만큼 돌리기)

⚙ 움직인 도형은 처음 도형을 주어진 설명대로 돌린 것입니다. 처음 도형을 그려 보세요.

1

〈 처음 도형 〉

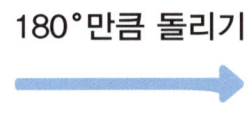

시계 반대 방향으로
180°만큼 돌리기

〈 움직인 도형 〉

2

〈 처음 도형 〉

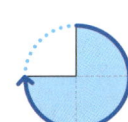

시계 방향으로
270°만큼 돌리기

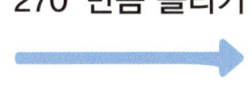

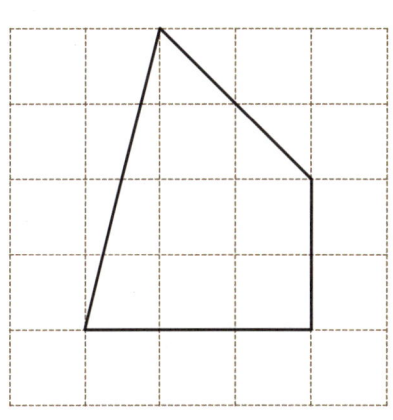

〈 움직인 도형 〉

처음 도형 그리기

🔩 움직인 도형은 처음 도형을 주어진 설명대로 돌린 것입니다. 처음 도형을 그려 보세요.

3

〈 처음 도형 〉

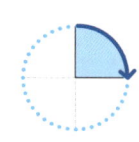

시계 방향으로
90°만큼 돌리기

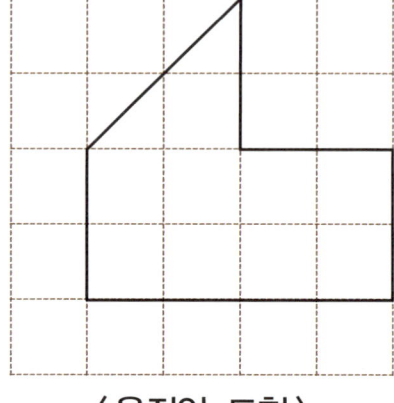

〈 움직인 도형 〉

4

〈 처음 도형 〉

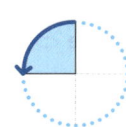

시계 반대 방향으로
90°만큼 돌리기

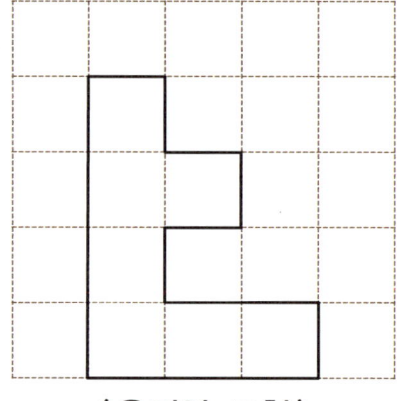

〈 움직인 도형 〉

5

〈 처음 도형 〉

시계 방향으로
180°만큼 돌리기

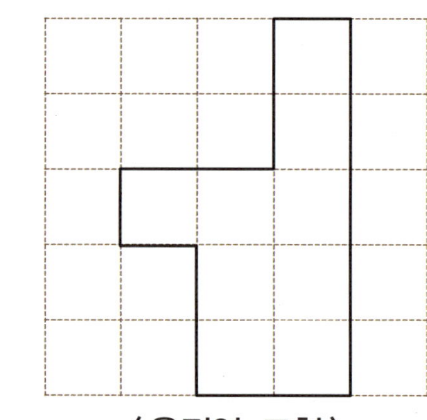

〈 움직인 도형 〉

처음 도형 그리기

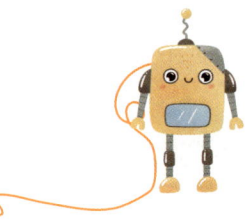

1. 설명을 보고 처음 도형을 그려 보세요.

① 어떤 도형을 시계 방향으로 90°만큼 돌렸습니다.

〈처음 도형〉   〈움직인 도형〉

② 어떤 도형을 아래쪽으로 3번 뒤집었습니다.

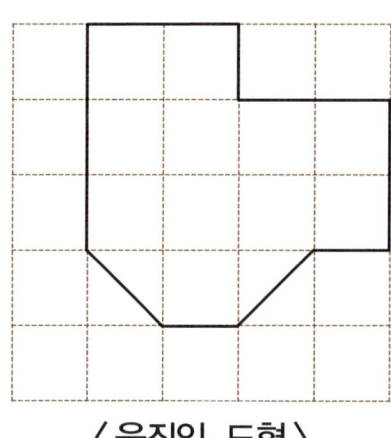

〈처음 도형〉   〈움직인 도형〉

③ 어떤 도형을 시계 반대 방향으로 90°만큼 돌렸습니다.

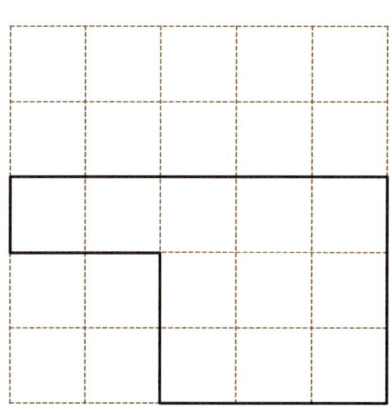

〈처음 도형〉   〈움직인 도형〉

처음 도형 그리기

⬡ 설명을 보고 처음 도형을 그려 보세요.

4 어떤 도형을 아래쪽으로 5번 뒤집었습니다.

〈처음 도형〉

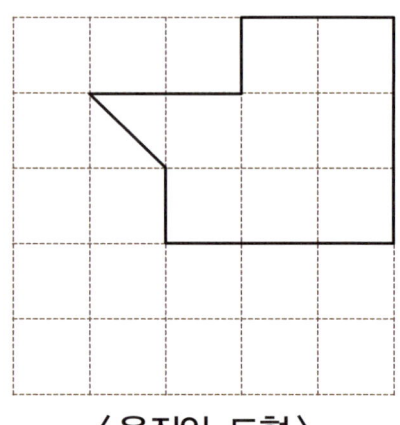

〈움직인 도형〉

5 어떤 도형을 시계 방향으로 90°만큼 6번 돌렸습니다.

〈처음 도형〉

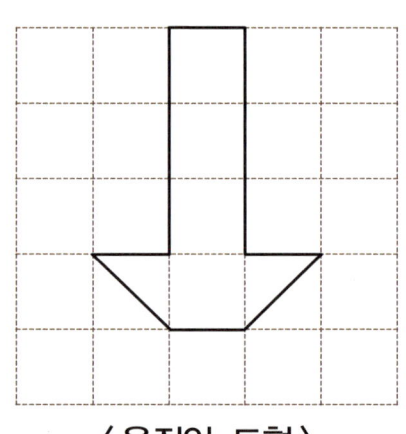

〈움직인 도형〉

6 어떤 도형을 오른쪽으로 7번 뒤집었습니다.

〈처음 도형〉

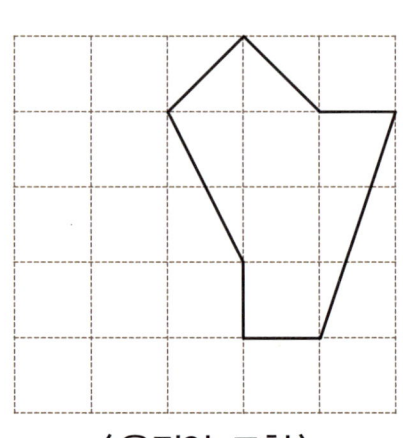

〈움직인 도형〉

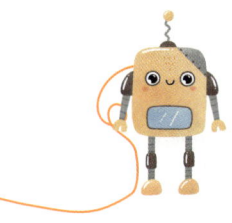

처음 도형 그리기

2. 설명을 보고 처음 도형을 그려 보세요.

1 어떤 도형을 아래쪽으로 2번 뒤집고 시계 방향으로 180°만큼 돌렸습니다.

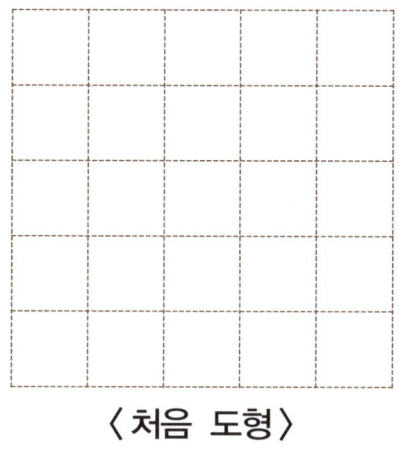

〈처음 도형〉　　　　　　　　〈움직인 도형〉

2 어떤 도형을 위쪽으로 3번 뒤집고 시계 반대 방향으로 180°만큼 4번 돌렸습니다.

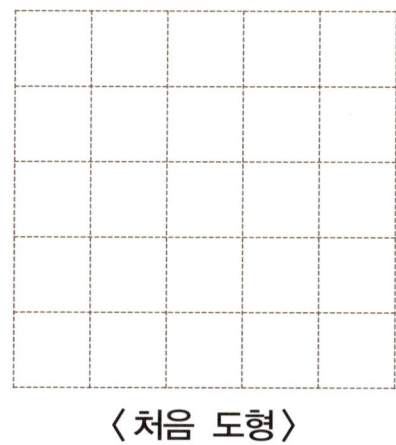　　　　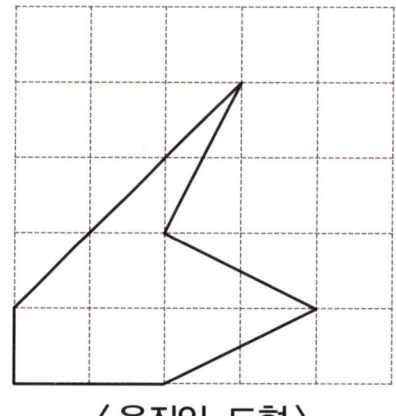

〈처음 도형〉　　　　　　　　〈움직인 도형〉

3 어떤 도형을 왼쪽으로 4번 뒤집고 시계 방향으로 90°만큼 돌렸습니다.

　　　　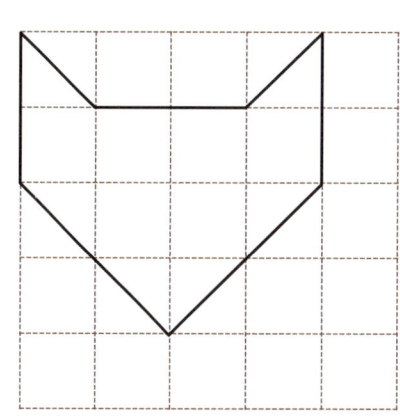

〈처음 도형〉　　　　　　　　〈움직인 도형〉

처음 도형 그리기

🔩 설명을 보고 처음 도형을 그려 보세요.

4 어떤 도형을 아래쪽으로 2번 뒤집고 시계 방향으로 180°만큼 3번 돌렸습니다.

〈처음 도형〉   〈움직인 도형〉

5 어떤 도형을 오른쪽으로 4번 뒤집고 시계 반대 방향으로 180°만큼 돌렸습니다.

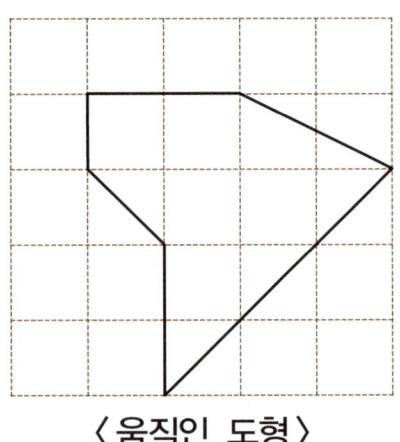

〈처음 도형〉   〈움직인 도형〉

6 어떤 도형을 왼쪽으로 7번 뒤집고 시계 방향으로 90°만큼 4번 돌렸습니다.

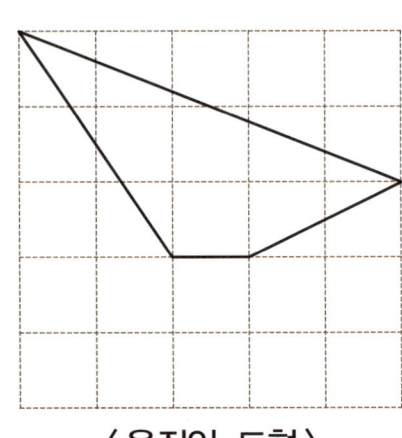

〈처음 도형〉   〈움직인 도형〉

9. 무늬 꾸미기

⚙️ ⬜ 모양으로 규칙적인 무늬 만들기

1 밀기를 이용하여 규칙적인 무늬 만들기

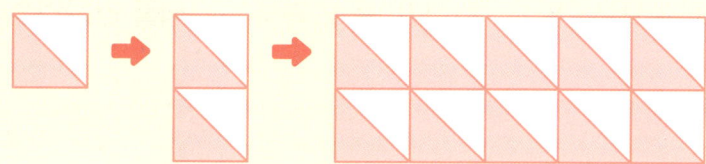

➡️ ◺ 모양을 아래쪽으로 밀어 ◹ 모양을 만들고,

이 모양을 오른쪽으로 밀기를 반복하여 무늬를 만들었습니다.

2 뒤집기를 이용하여 규칙적인 무늬 만들기

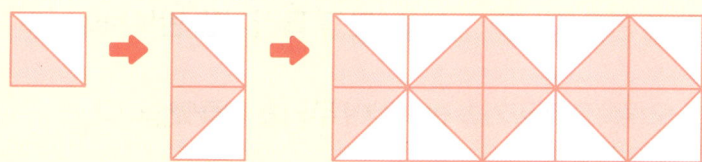

➡️ ◺ 모양을 아래쪽으로 뒤집기 하여 ◹ 모양을 만들고,

이 모양을 오른쪽으로 뒤집기를 반복하여 무늬를 만들었습니다.

3 돌리기와 밀기를 이용하여 규칙적인 무늬 만들기

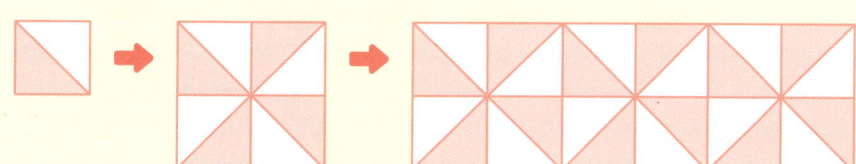

➡️ ◺ 모양을 시계 방향으로 90°만큼 돌리기를 반복하여 ✳️ 모양을 만들고,

이 모양을 오른쪽으로 밀기를 반복하여 무늬를 만들었습니다.

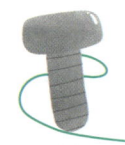

무늬 꾸미기

1. 무늬를 만든 규칙을 설명해 보세요.

규칙 모양을 오른쪽으로 (밀기 , 뒤집기)를 반복하여 무늬를 만들었습니다.

2. 무늬를 만든 규칙을 설명해 보세요.

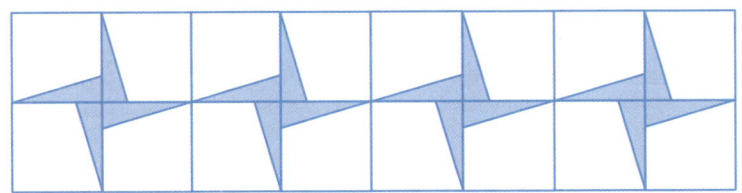

규칙 □ 모양을 시계 방향으로 (90° , 180°)만큼 돌리기를 반복하여  모양을

만들고, 이 모양을 오른쪽으로 밀기를 반복하여 무늬를 만들었습니다.

3. 무늬를 만든 규칙을 설명해 보세요.

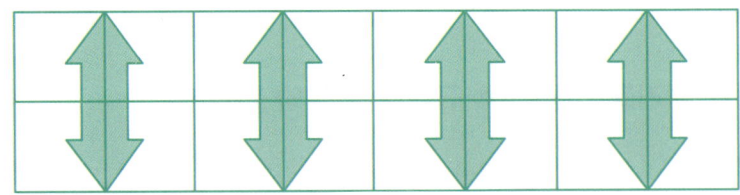

규칙 모양을 아래쪽으로 (밀기 , 뒤집기) 하여  모양을 만들고,

이 모양을 오른쪽으로 (뒤집기 , 돌리기)를 반복하여 무늬를 만들었습니다.

무늬 꾸미기

4.  모양으로 규칙에 따라 만든 무늬입니다. 무늬를 만든 규칙을 설명해 보세요.

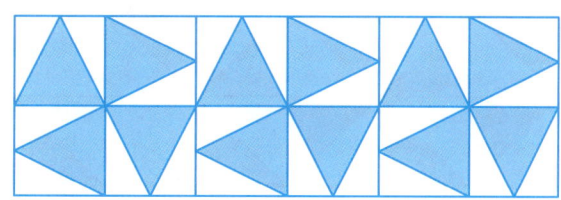

규칙 모양을

_____

모양을 만들고,

_____

무늬를 만들었습니다.

5. 모양으로 뒤집기를 이용하여 규칙적인 무늬를 만들어 보세요.

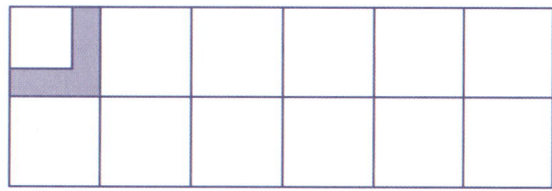

6. 모양으로 돌리기와 밀기를 이용하여 규칙적인 무늬를 만들어 보세요.

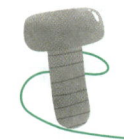

무늬 꾸미기

7. 규칙에 따라 무늬를 완성하고, 무늬를 만든 규칙을 설명해 보세요.

규칙  모양을

_____

 모양을 만들고,

_____

무늬를 만들었습니다.

8. 🟩 모양으로 돌리기와 밀기를 이용하여 규칙적인 무늬를 만들어 보세요.

9. 🔶 모양으로 뒤집기를 이용하여 규칙적인 무늬를 만들어 보세요.

무늬 꾸미기

10. 규칙에 따라 무늬를 완성하고, 무늬를 만든 규칙을 설명해 보세요.

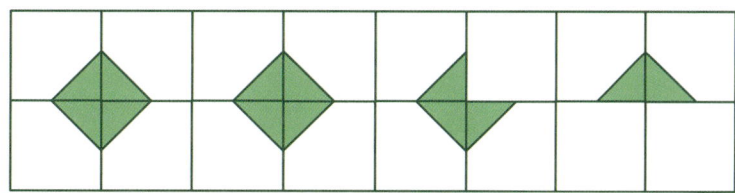

  모양을

_____

 모양을 만들고,

_____

무늬를 만들었습니다.

11. 🟨 모양으로 돌리기와 밀기를 이용하여 규칙적인 무늬를 만들어 보세요.

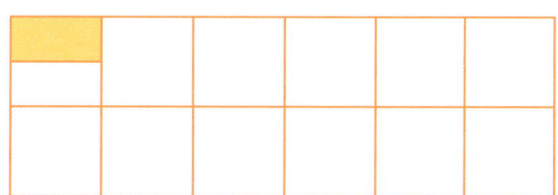

12. ◳ 모양으로 뒤집기와 밀기를 이용하여 규칙적인 무늬를 만들어 보세요.

10. 숫자 뒤집기와 돌리기

1. 다음 숫자를 뒤집었을 때의 모양을 각각 그려 보세요. (숫자 뒤집기 카드로 확인해 보세요.)

①

➡ **己**를 어느 방향으로 뒤집어도 ☐ 가 됩니다.

숫자 뒤집기와 돌리기

🔩 다음 숫자를 뒤집었을 때의 모양을 각각 그려 보세요. (숫자 뒤집기 카드로 확인해 보세요.)

2

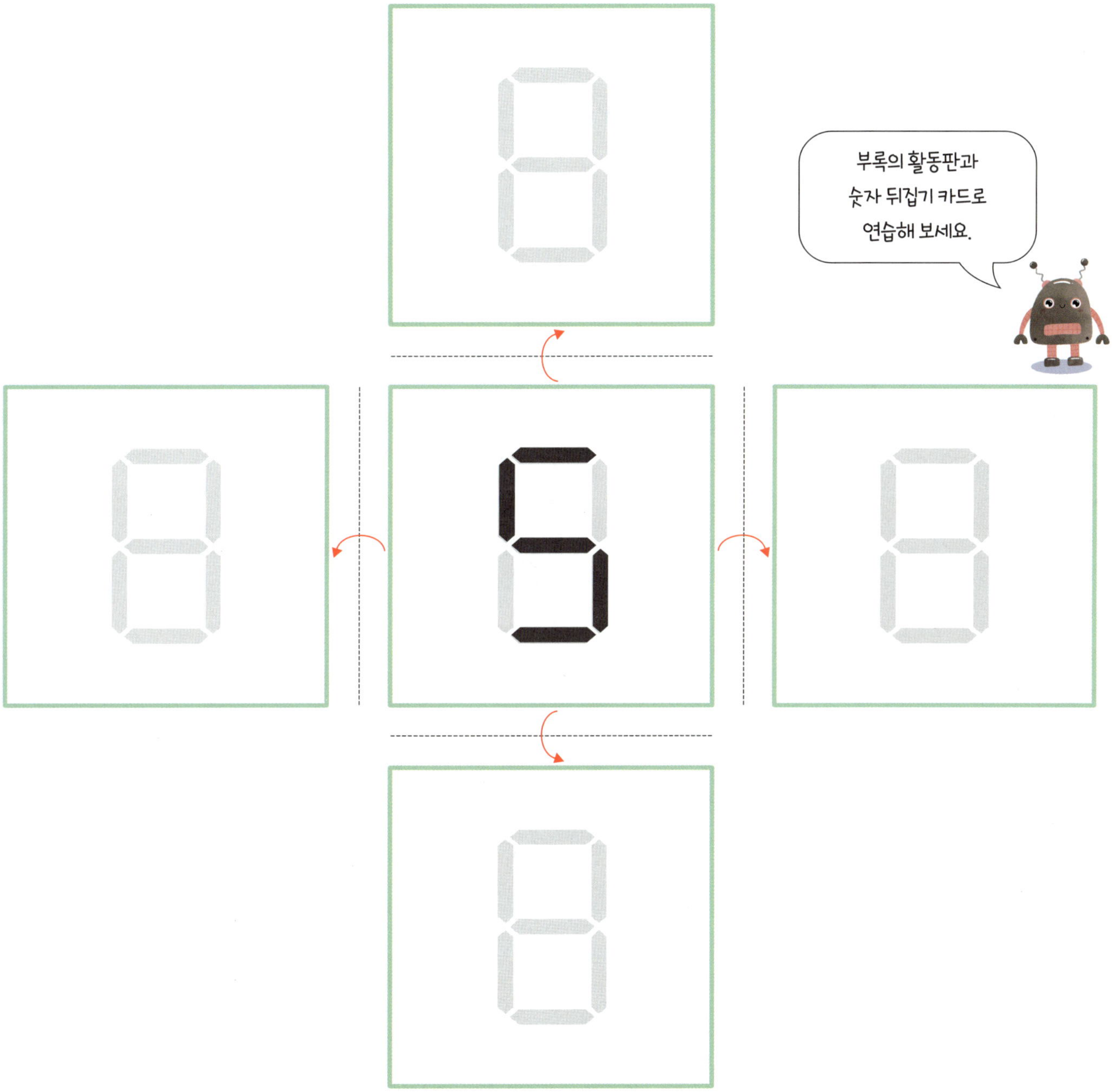

> 부록의 활동판과
> 숫자 뒤집기 카드로
> 연습해 보세요.

➡ **5**를 어느 방향으로 뒤집어도 ☐ 가 됩니다.

2. 다음 수 카드를 뒤집었을 때 만들어지는 모양을 그려 보세요. (숫자 뒤집기 카드로 확인해 보세요.)

1

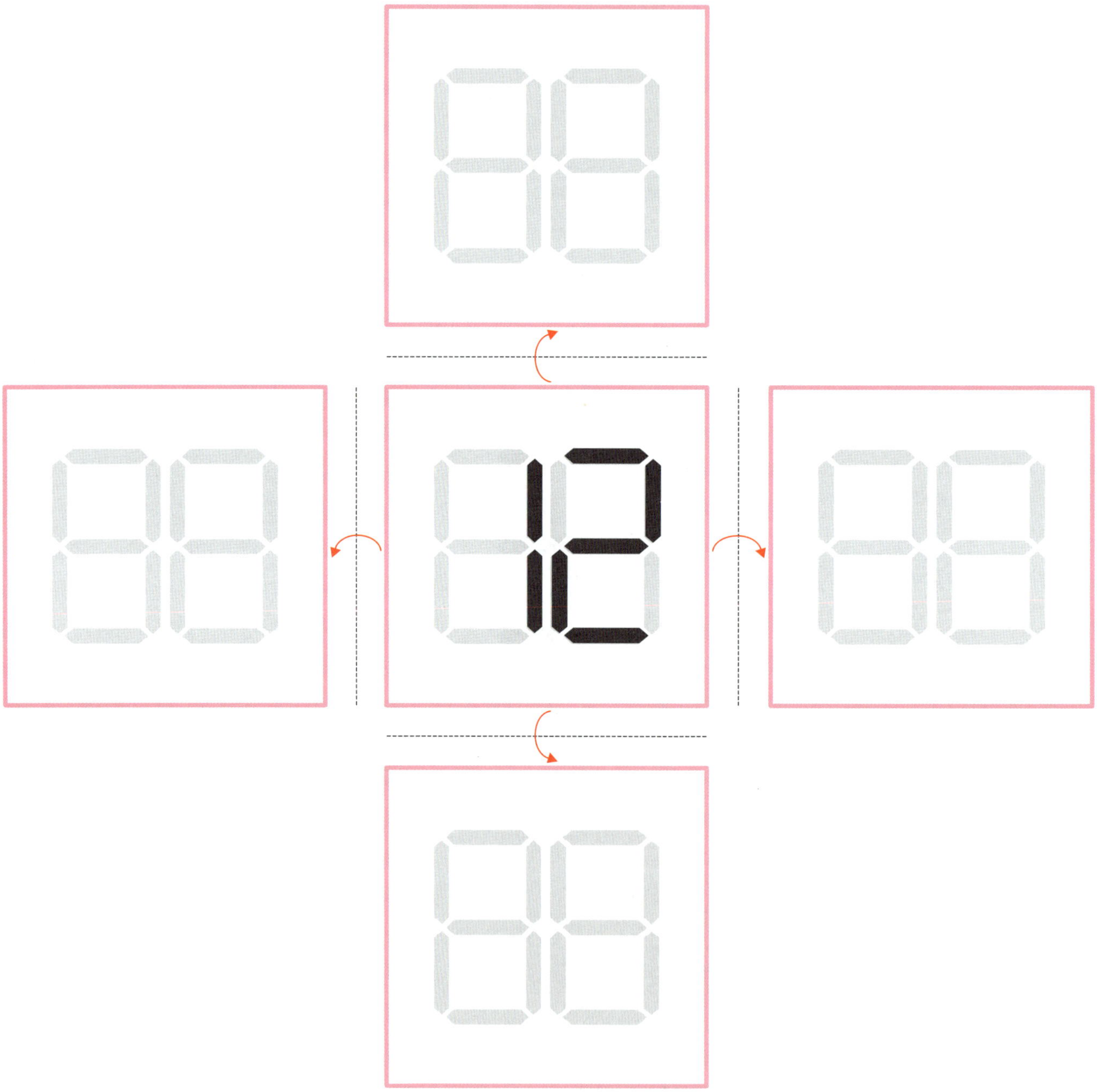

➡ **12**를 오른쪽으로 뒤집으면 ⬜ 이 됩니다.

숫자 뒤집기와 돌리기

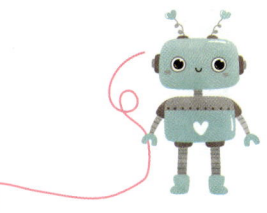

🔩 다음 수 카드를 뒤집었을 때 만들어지는 모양을 그려 보세요. (숫자 뒤집기 카드로 확인해 보세요.)

2

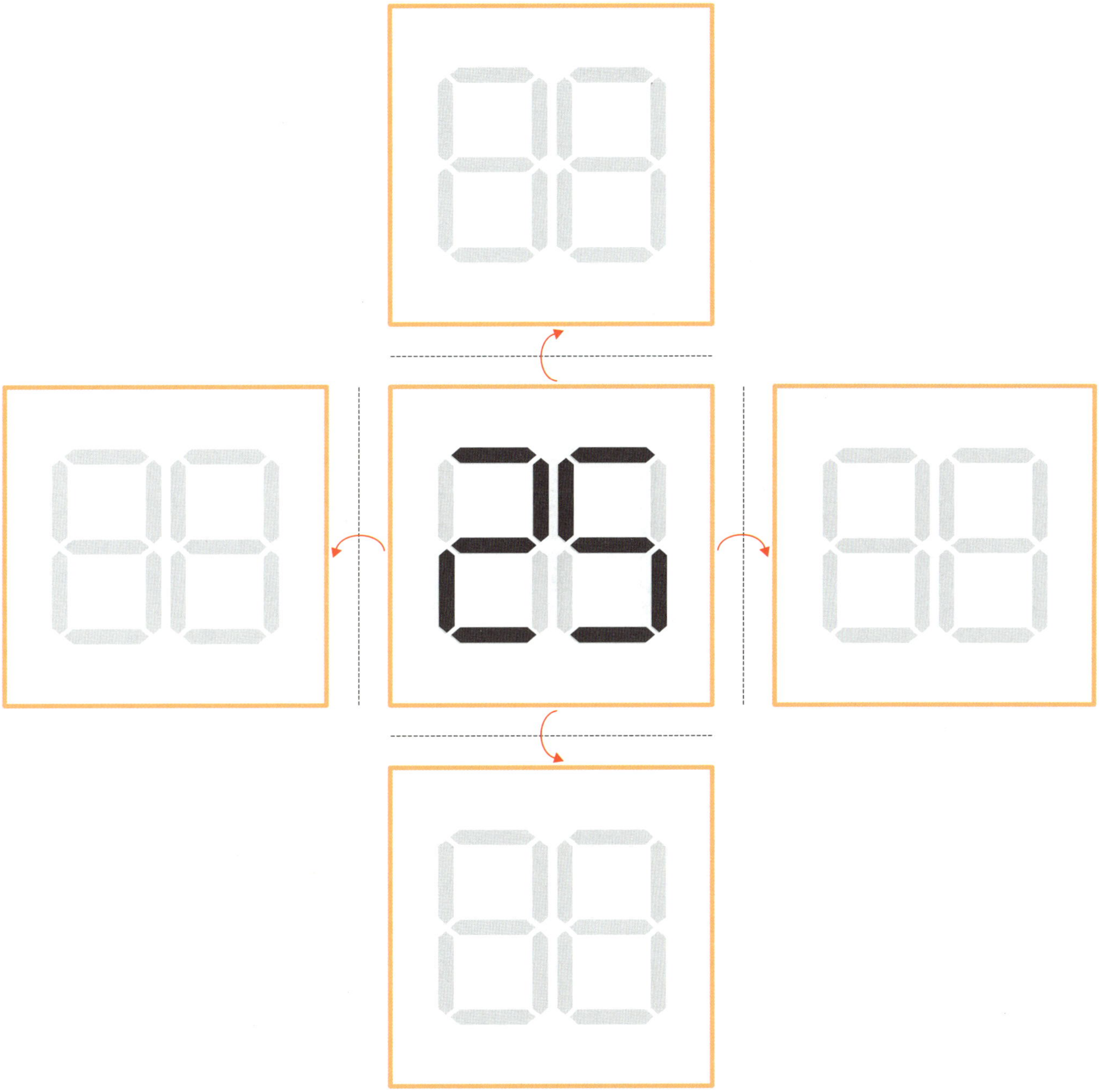

➡ **25**를 아래쪽으로 뒤집으면 [   ]가 됩니다.

🔧 다음 수 카드를 뒤집었을 때 만들어지는 모양을 그려 보세요. (숫자 뒤집기 카드로 확인해 보세요.)

3

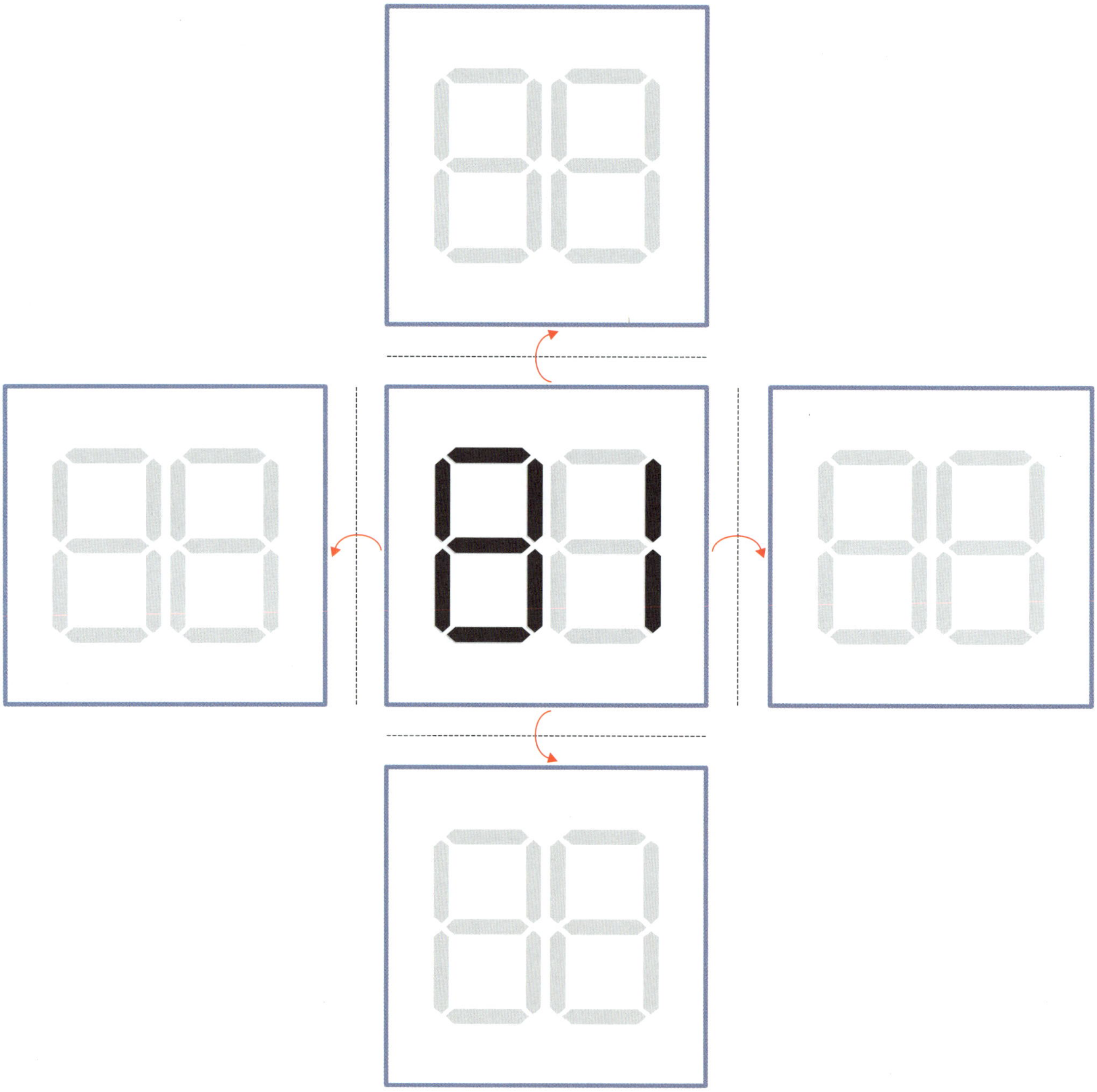

➡ **81**을 왼쪽으로 뒤집으면 [ ] 이 됩니다.

숫자 뒤집기와 돌리기

다음 수 카드를 뒤집었을 때 만들어지는 모양을 그려 보세요. (숫자 뒤집기 카드로 확인해 보세요.)

4

부록의 활동판과
숫자 뒤집기 카드로
연습해 보세요.

➡ **51**을 위쪽으로 뒤집으면 ☐ 이 됩니다.

3. 수 카드를 오른쪽으로 뒤집었을 때 만들어지는 수를 각각 쓰세요.

① 15

② 82

③ 52

④ 201

⑤ 582

숫자 뒤집기와 돌리기

수 카드를 오른쪽으로 뒤집었을 때 만들어지는 수를 각각 쓰세요.

6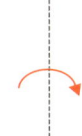

7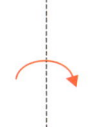

8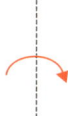

9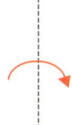

10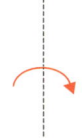

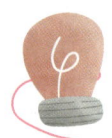

4. 다음 숫자를 시계 방향으로 돌렸을 때의 모양을 각각 그려 보세요.

(숫자 돌리기 카드로 확인해 보세요.)

1

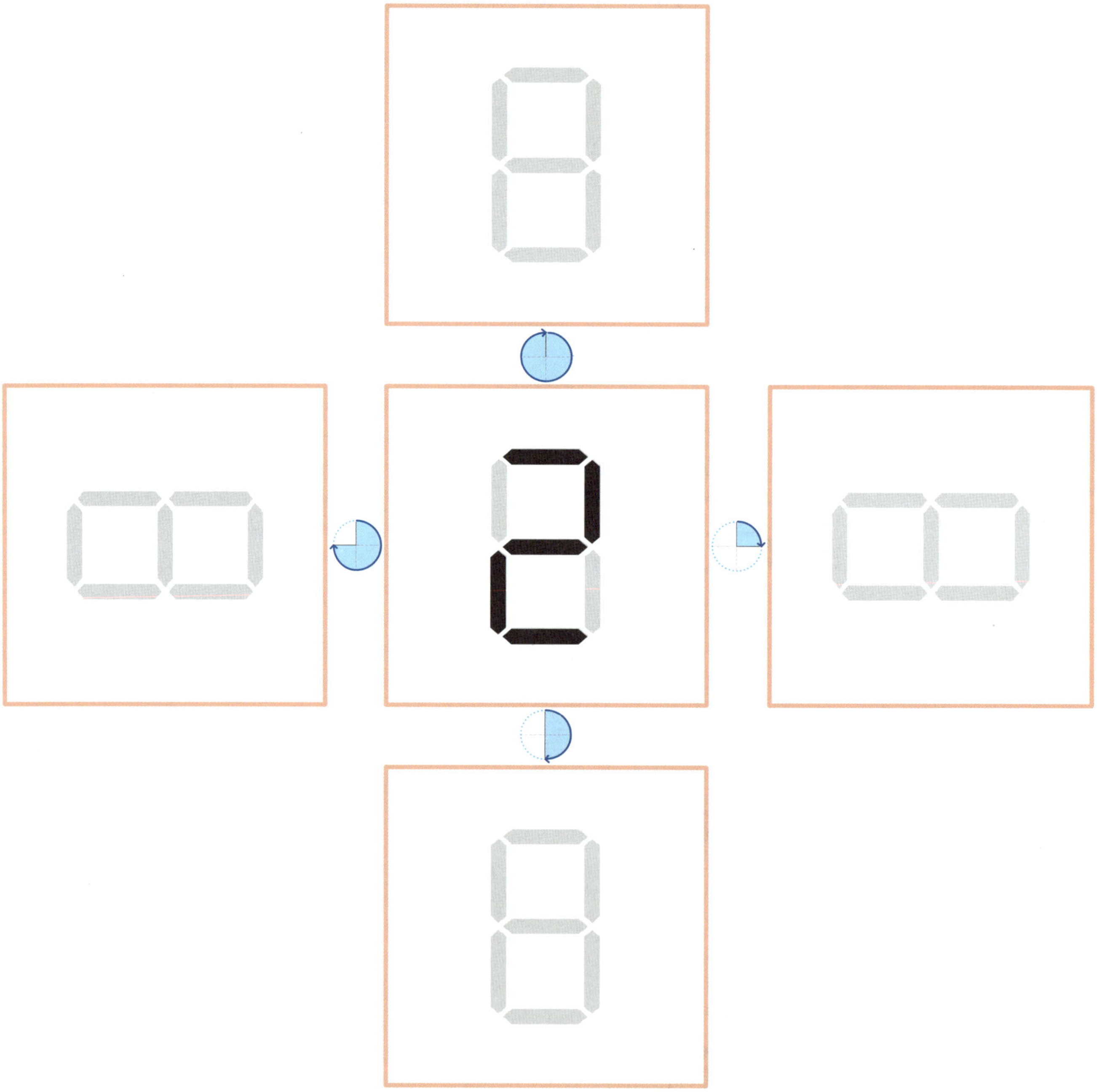

➡ 2 를 시계 방향으로 180°만큼 돌리면 ☐ 가 됩니다.

숫자 뒤집기와 돌리기

🔩 다음 숫자를 시계 방향으로 돌렸을 때의 모양을 각각 그려 보세요.
   (숫자 돌리기 카드로 확인해 보세요.)

2

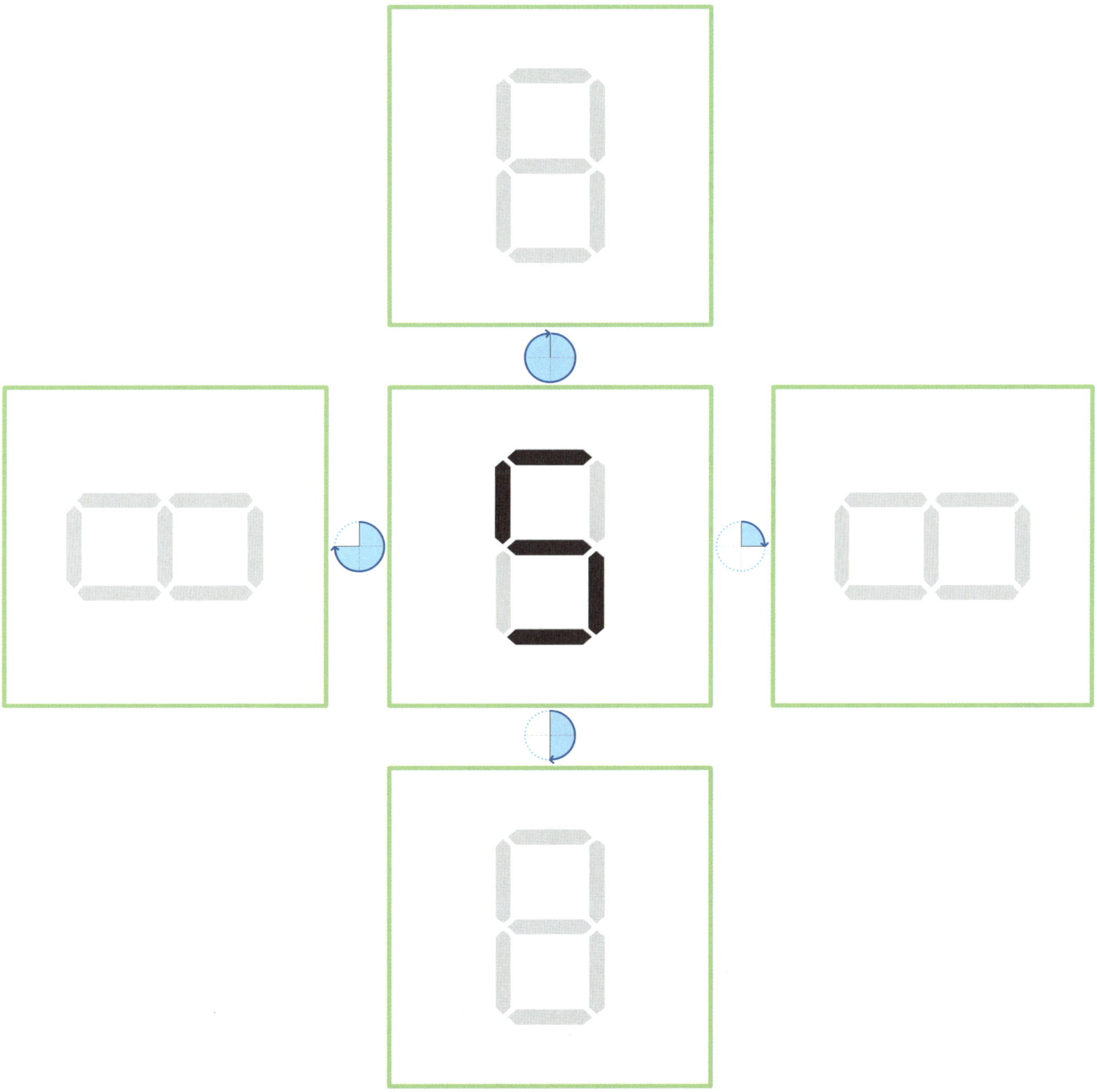

➡️ **5**를 시계 방향으로 180°만큼 돌리면 [ ]가 됩니다.

숫자 뒤집기와 돌리기

5. 수 카드를 시계 방향으로 180°만큼 돌렸을 때 만들어지는 수를 각각 쓰세요.

1
26  92

2
19

3
65

4
802

5
951

숫자 뒤집기와 돌리기

🔩 수 카드를 시계 방향으로 180°만큼 돌렸을 때 만들어지는 수를 각각 쓰세요.

6 52 25

7 96

8 28

9 189

10 506

11. 문자 뒤집기와 돌리기

1. 다음 문자를 뒤집었을 때의 모양을 각각 그려 보세요. (자음 뒤집기 카드로 확인해 보세요.)

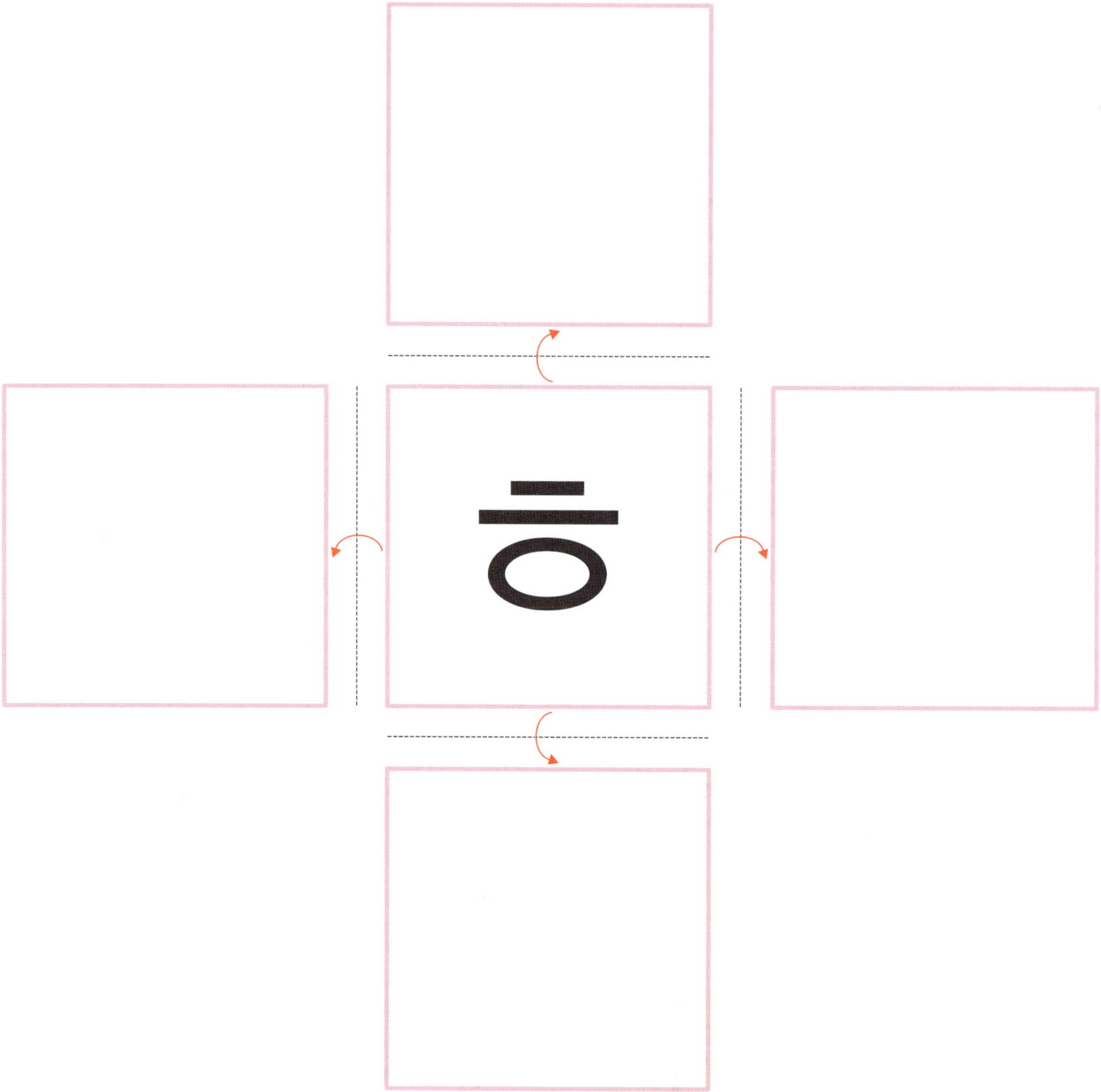

ㅎ

➡ ㅎ을 (위쪽 , 오른쪽)으로 뒤집으면 ㅎ과 같습니다.

2. 다음 알파벳을 뒤집었을 때의 모양을 각각 그려 보세요. (알파벳 뒤집기 카드로 확인해 보세요.)

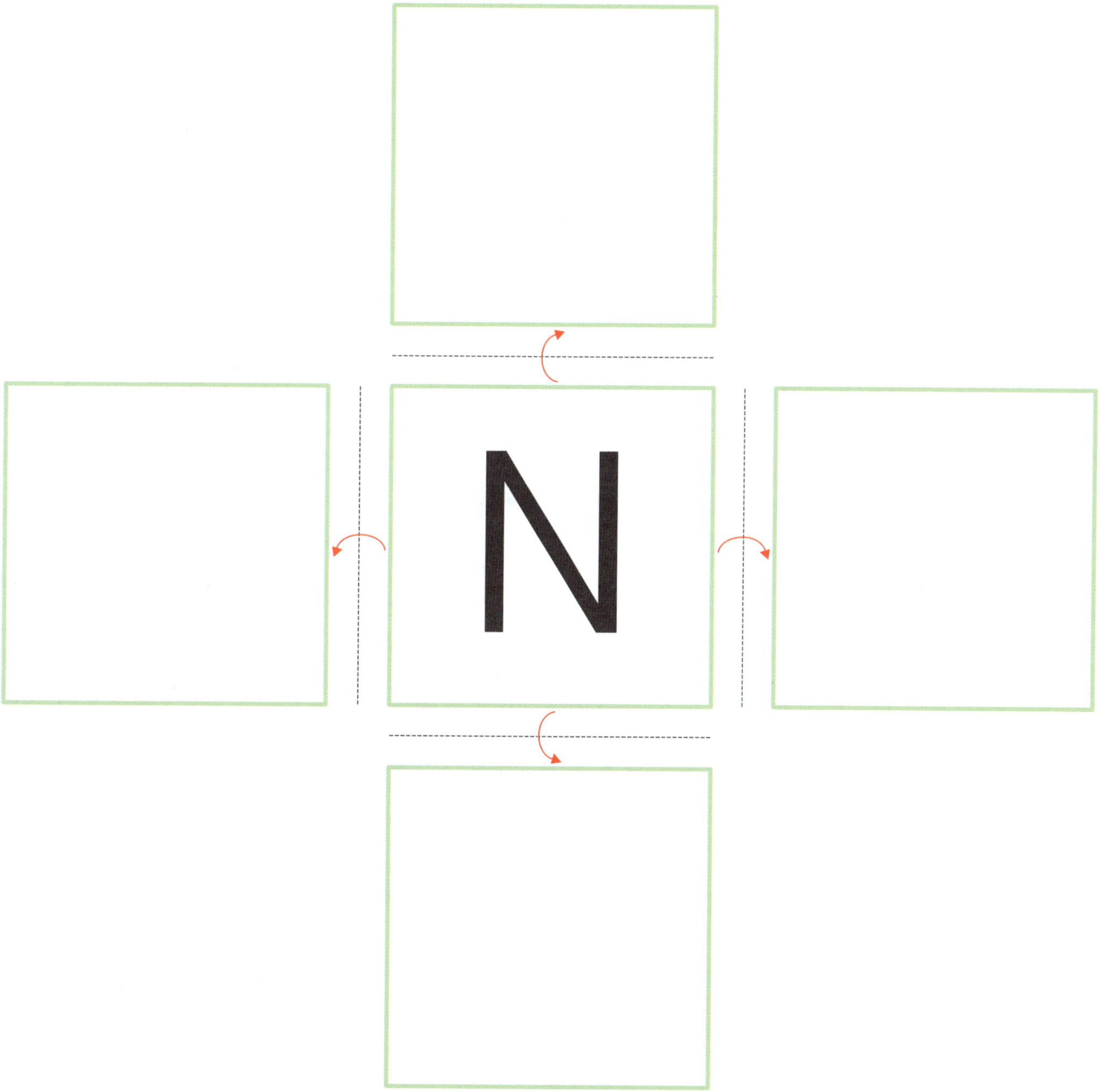

N

➡ N은 어느 방향으로 뒤집어도 모양이 모두 ☐ 이 됩니다.

3. 다음 문자를 시계 방향으로 돌렸을 때의 모양을 각각 그려 보세요.

（자음 돌리기 카드로 확인해 보세요.）

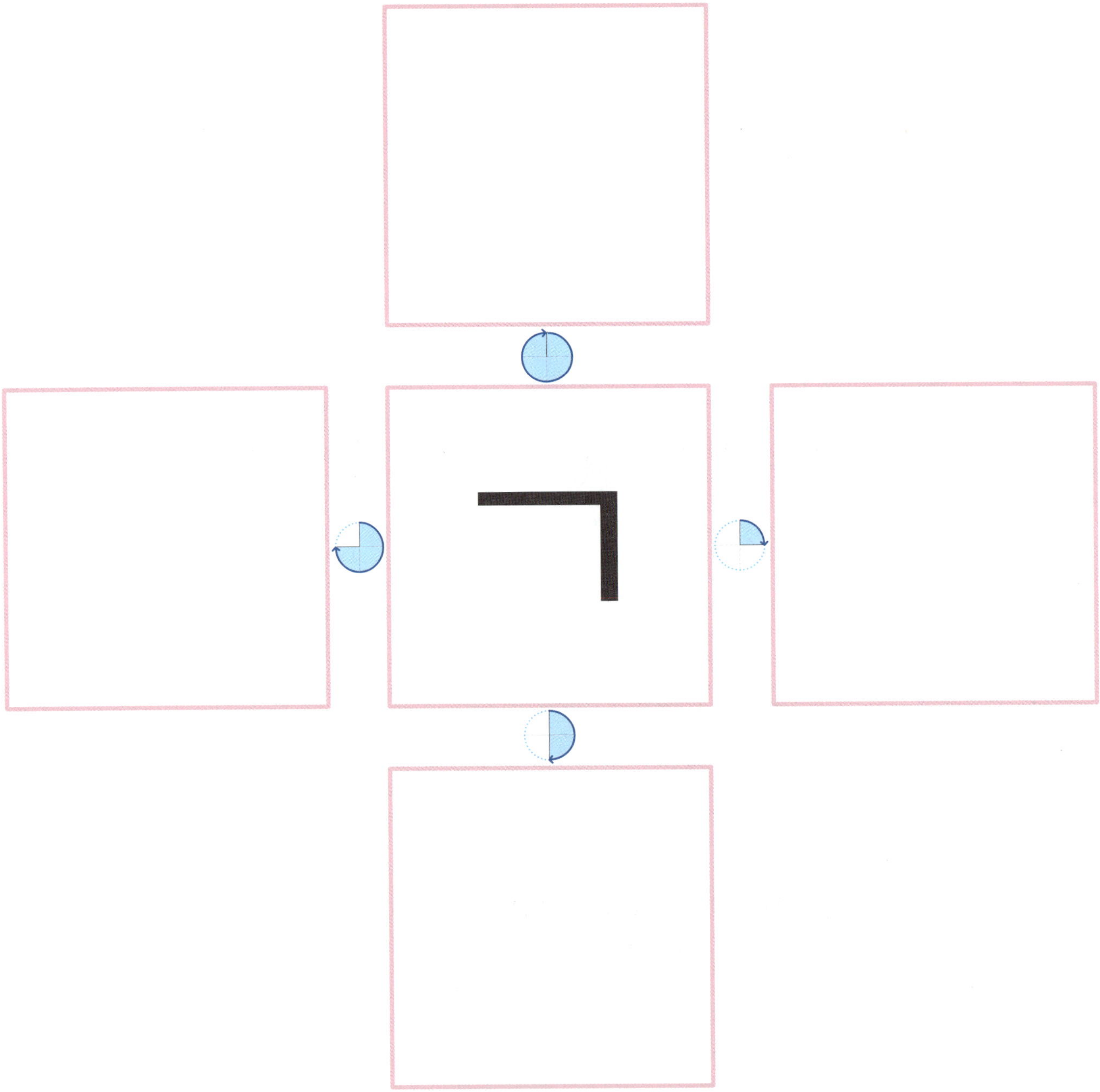

➡ ㄱ을 시계 방향으로 180°만큼 돌리면 ☐ 이 됩니다.

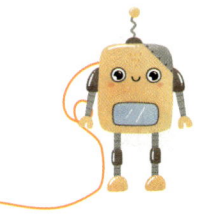

4. 다음 알파벳을 시계 방향으로 돌렸을 때의 모양을 각각 그려 보세요.

(알파벳 돌리기 카드로 확인해 보세요.)

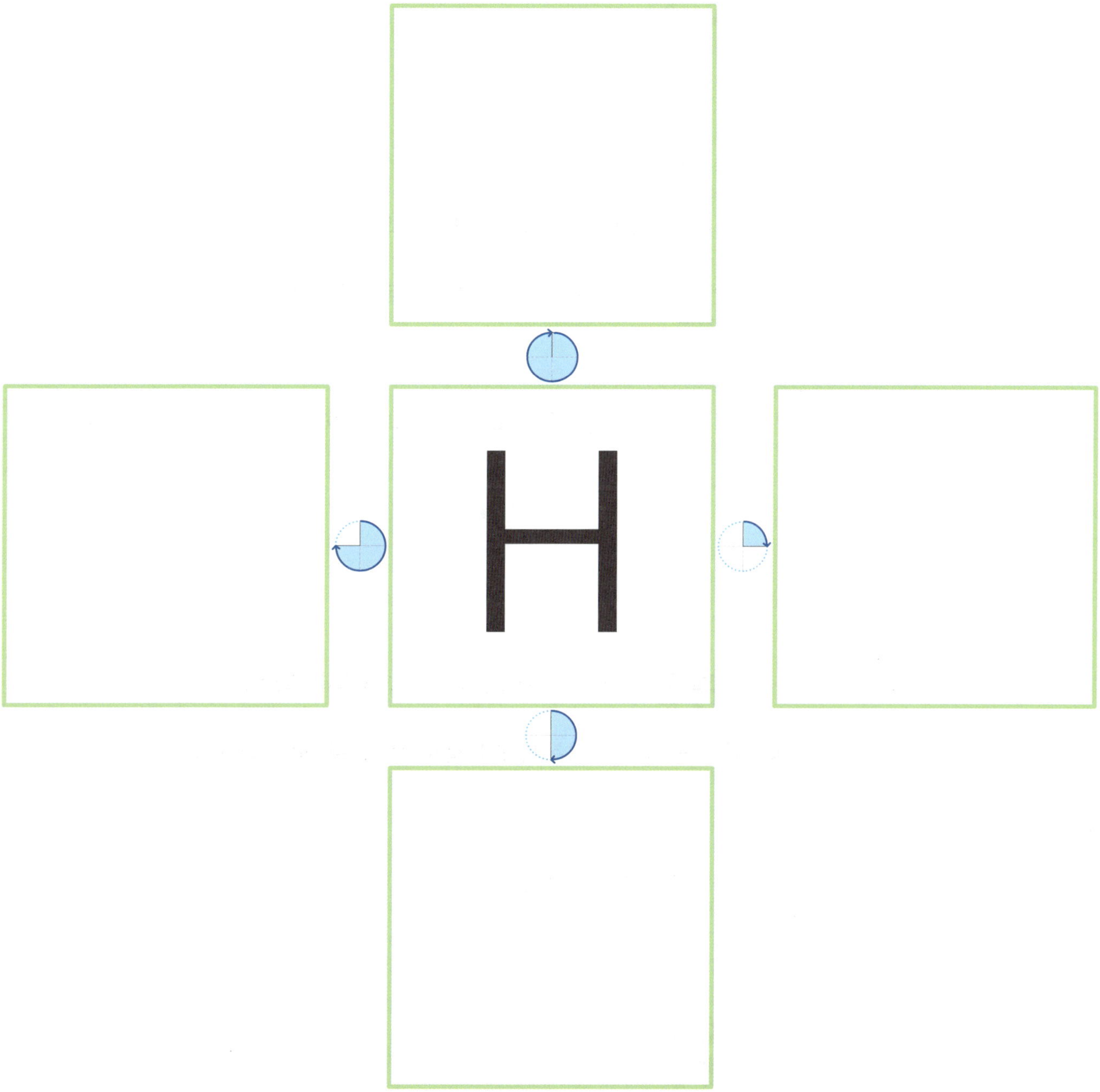

H

➡ H를 시계 방향으로 [   ]°, [   ]°만큼 돌리면 H가 됩니다.

5. 다음 글자를 오른쪽으로 뒤집었을 때 만들어지는 모양을 그려 보세요.

1

리

2

호

3

파

4

유

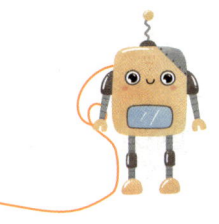

문자 뒤집기와 돌리기

6. 다음 글자를 주어진 각도만큼 돌렸을 때 만들어지는 모양을 그려 보세요.

1

여

2

머

3

푸

4

보

7. 다음 글자를 오른쪽으로 뒤집었을 때 만들어지는 모양을 그려 보세요.

1

박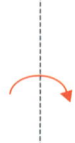

2

멍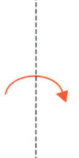

3

팡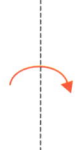

4

란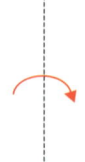

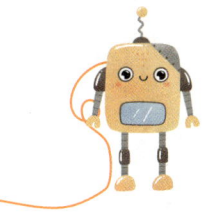

8. 다음 글자를 주어진 각도만큼 돌렸을 때 만들어지는 모양을 그려 보세요.

1

아

2

마

3

운

4

곰

12. 숫자, 문자 움직이기 활용

1. 다음 물음에 답하세요.

$$2\ 3\ 4\ 5\ 6\ 7\ 8\ 9$$

1 주어진 숫자를 아래쪽으로 뒤집었을 때의 모양을 각각 그려 보세요.

2 아래쪽으로 뒤집었을 때 모양이 처음과 같은 숫자를 모두 써 보세요.

(   )

2. 다음 물음에 답하세요.

1 주어진 숫자를 오른쪽으로 뒤집었을 때의 모양을 각각 그려 보세요.

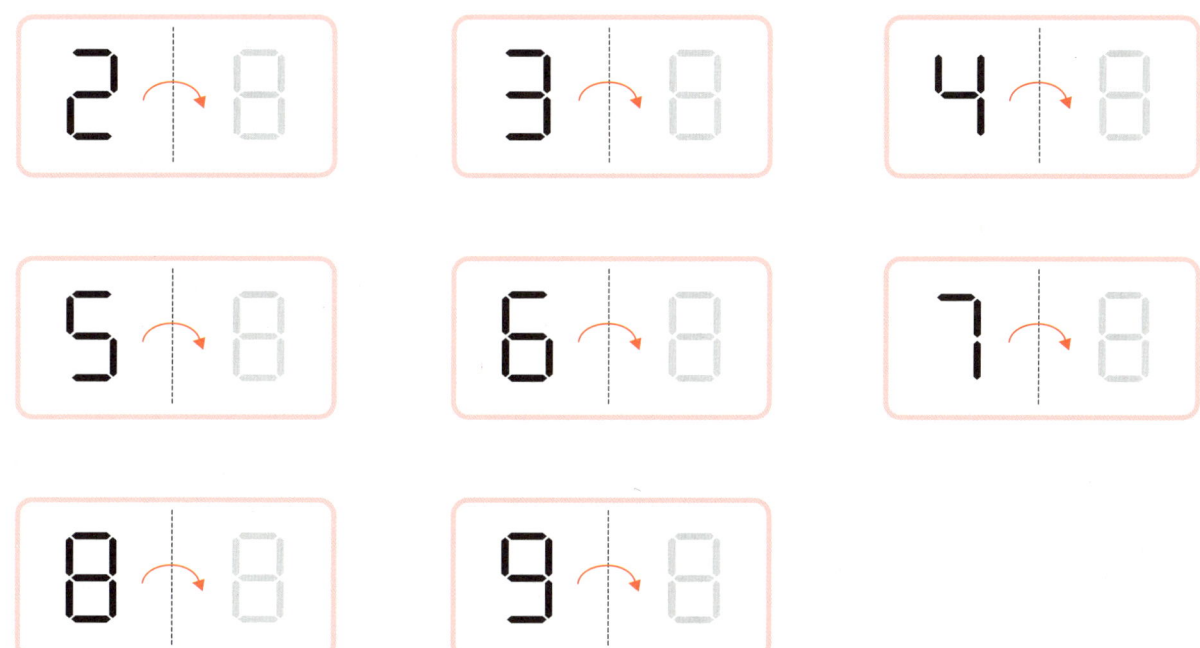

2 오른쪽으로 뒤집었을 때 모양이 처음과 같은 숫자를 써 보세요.

(   )

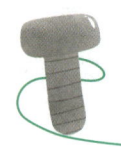

3. 다음 물음에 답하세요.

1 주어진 숫자를 시계 방향으로 180° 만큼 돌렸을 때 만들어지는 모양을 각각 그려 보세요.

2 시계 방향으로 180° 만큼 돌렸을 때 모양이 처음과 같은 숫자를 모두 써 보세요.

(   )

4. 다음 물음에 답하세요.

ㄱ ㄴ ㄷ ㄹ ㅂ ㅈ ㅋ ㅌ ㅎ

1 주어진 문자를 아래쪽으로 뒤집었을 때의 모양을 각각 그려 보세요.

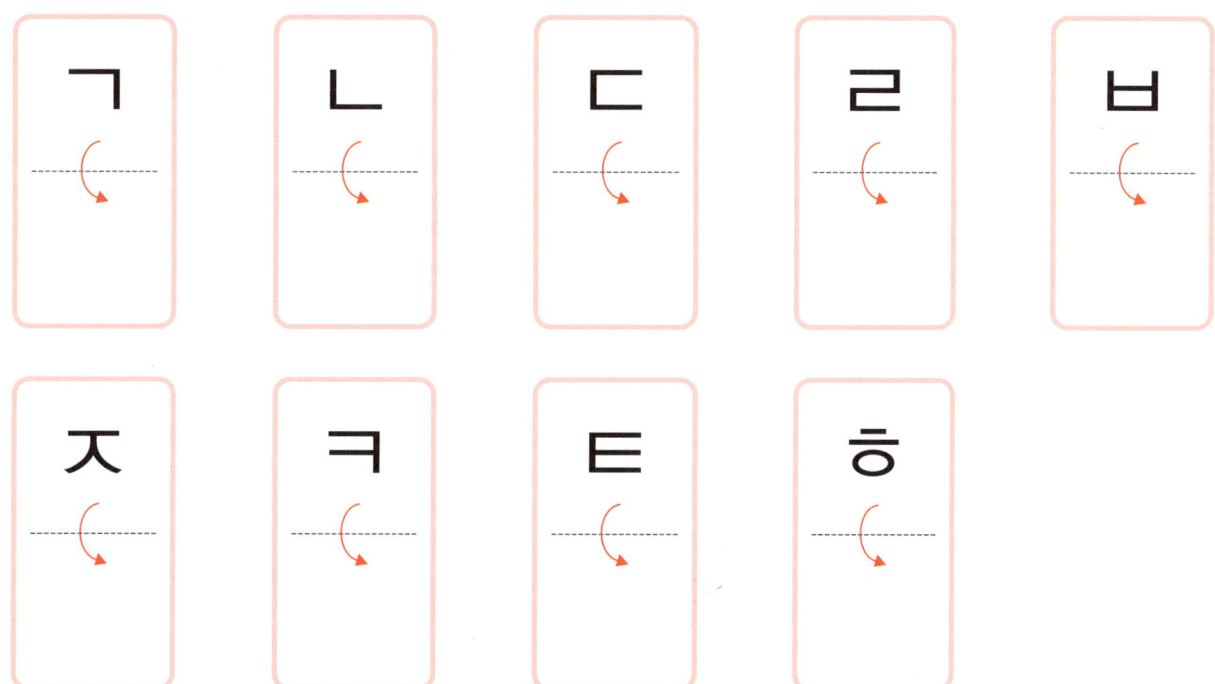

2 아래쪽으로 뒤집었을 때 모양이 처음과 같은 문자를 모두 써 보세요.

(   )

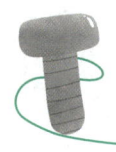

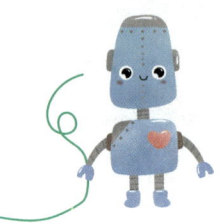

5. 다음 물음에 답하세요.

ㄱ ㄴ ㄷ ㄹ ㅂ ㅊ ㅋ ㅌ ㅎ

1 주어진 문자를 오른쪽으로 뒤집었을 때의 모양을 각각 그려 보세요.

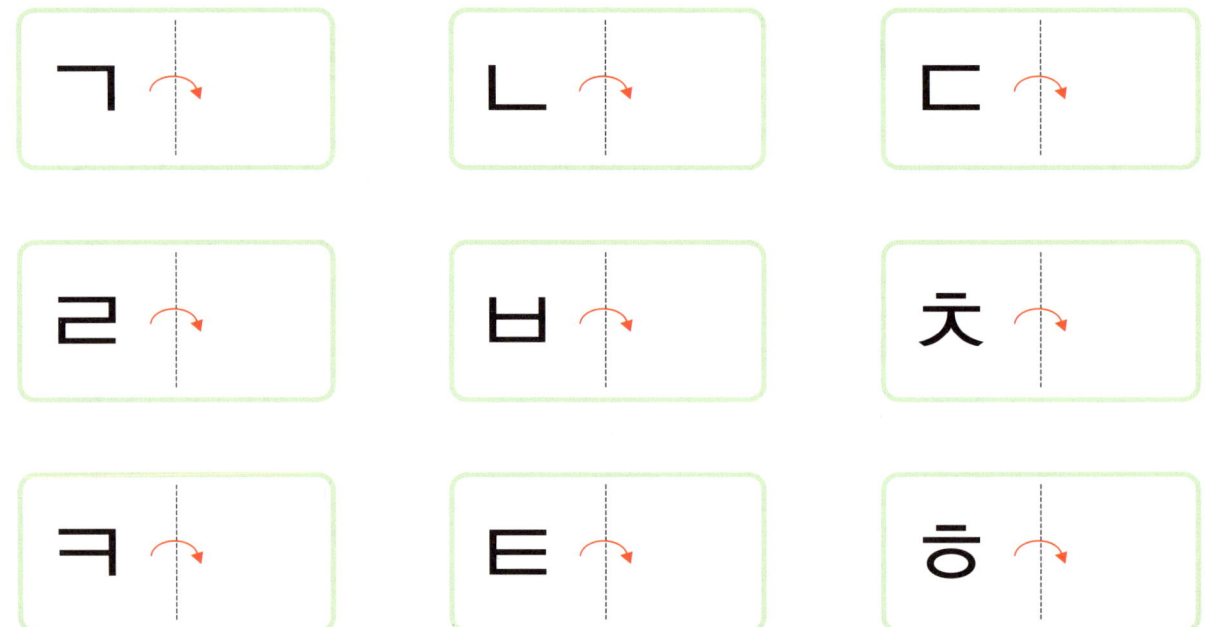

2 오른쪽으로 뒤집었을 때 모양이 처음과 같은 문자를 모두 써 보세요.

(   )

숫자, 문자 움직이기 활용

6. 다음 물음에 답하세요.

ㄱ ㄴ ㄷ ㄹ ㅂ ㅈ ㅋ ㅍ ㅎ

1 주어진 문자를 시계 방향으로 180°만큼 돌렸을 때 만들어지는 모양을 각각 그려 보세요.

2 시계 방향으로 180°만큼 돌렸을 때 모양이 처음과 같은 문자를 모두 써 보세요.

(   )

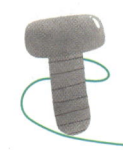

7. 다음 물음에 답하세요.

$$A \ B \ C \ D \ E \ F \ H \ K \ M \ N$$

1 주어진 알파벳을 아래쪽으로 뒤집었을 때의 모양을 각각 그려 보세요.

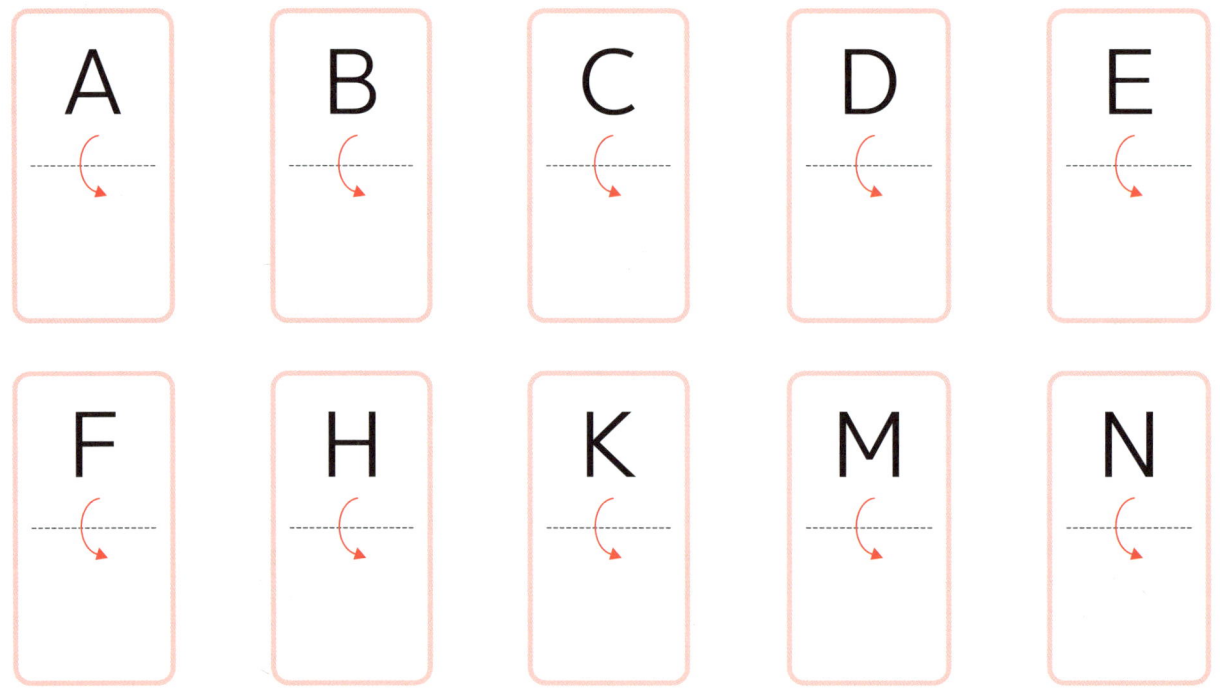

2 아래쪽으로 뒤집었을 때 모양이 처음과 같은 알파벳을 모두 써 보세요.

(   )

8. 다음 물음에 답하세요.

ABCDEFJKM

1 주어진 알파벳을 오른쪽으로 뒤집었을 때의 모양을 각각 그려 보세요.

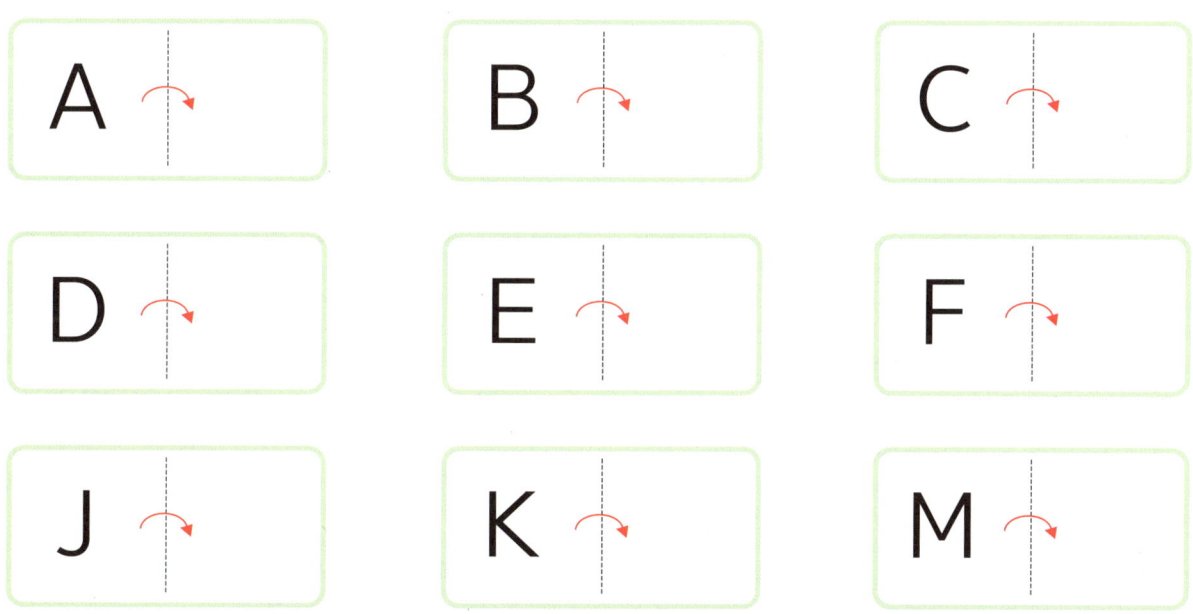

2 오른쪽으로 뒤집었을 때 모양이 처음과 같은 알파벳을 모두 써 보세요.

(   )

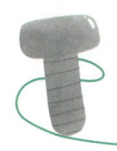

9. 다음 물음에 답하세요.

A B C D E F H M S

1 주어진 알파벳을 시계 방향으로 180°만큼 돌렸을 때 만들어지는 모양을 각각 그려 보세요.

A

B

C

D

E

F

H

M

S

2 시계 방향으로 180°만큼 돌렸을 때 모양이 처음과 같은 알파벳을 모두 써 보세요.

( )

요리수
평면도형의 이동

요리수
평면도형의 이동

요리수
평면도형의 이동

요리수
평면도형의 이동

요리수
평면도형의 이동

수를 요리하는
요리수연산

공간 지각력을 기르는

요리수 평면도형의 이동 A

돌리고! 뒤집고!

정답

이름

요리수
평면도형의 이동 A
돌리고! 뒤집고!

정답

1. 점 이동하기

점을 위쪽, 아래쪽, 오른쪽, 왼쪽으로 이동하기

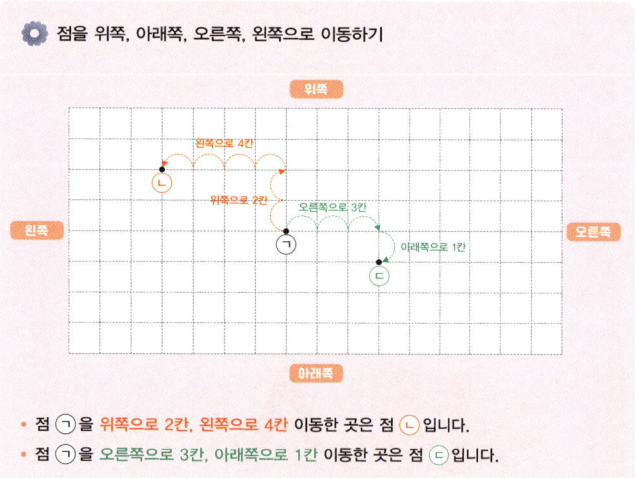

- 점 ㉠을 **위쪽으로 2칸, 왼쪽으로 4칸** 이동한 곳은 점 ㉡입니다.
- 점 ㉠을 **오른쪽으로 3칸, 아래쪽으로 1칸** 이동한 곳은 점 ㉢입니다.

1. 로봇이 도착점까지 가려면 어떻게 이동해야 하는지 바르게 설명한 것의 기호를 쓰세요.

(㉡)

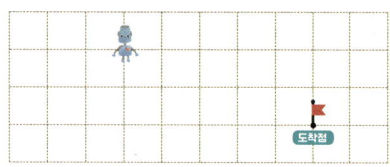

㉠ 오른쪽으로 6칸, 아래쪽으로 2칸 이동해야 합니다.

㉡ 아래쪽으로 2칸, 오른쪽으로 5칸 이동해야 합니다.

점 이동하기

2. 로봇이 도착점까지 가려면 어떻게 이동해야 하는지 바르게 설명한 것의 기호를 쓰세요.

(㉡)

㉠ 아래쪽으로 3칸, 오른쪽으로 4칸 이동해야 합니다.

㉡ 오른쪽으로 4칸, 위쪽으로 3칸 이동해야 합니다.

3. 로봇이 도착점까지 가려면 어떻게 이동해야 하는지 바르게 설명한 것의 기호를 쓰세요.

(㉠)

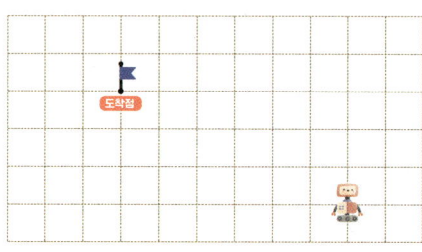

㉠ 왼쪽으로 6칸, 위쪽으로 3칸 이동해야 합니다.

㉡ 위쪽으로 2칸, 왼쪽으로 5칸 이동해야 합니다.

점 이동하기

4. 선을 따라 점 ㉠을 주어진 방법으로 이동한 위치에 점 ㉡을 그려 보세요.

1 오른쪽으로 3칸

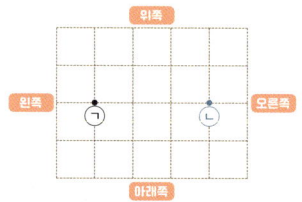

2 아래쪽으로 2칸

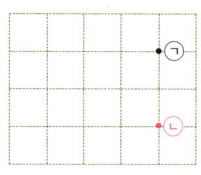

3 왼쪽으로 2칸, 위쪽으로 1칸

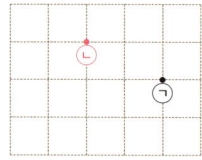

4 위쪽으로 2칸, 오른쪽으로 1칸

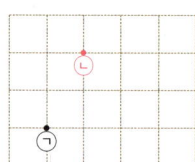

5 오른쪽으로 2칸, 아래쪽으로 2칸

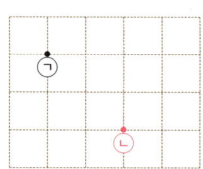

6 아래쪽으로 1칸, 오른쪽으로 3칸

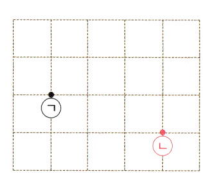

점 이동하기

선을 따라 점 ㉠을 주어진 방법으로 이동한 위치에 점 ㉡을 그려 보세요.

7 위쪽으로 2칸

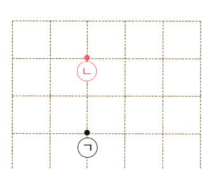

8 왼쪽으로 4칸

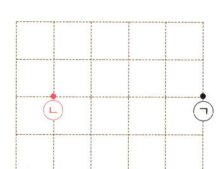

9 위쪽으로 3칸, 왼쪽으로 2칸

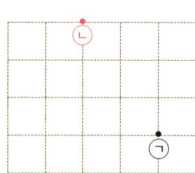

10 오른쪽으로 1칸, 아래쪽으로 4칸

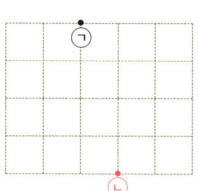

11 왼쪽으로 2칸, 아래쪽으로 3칸

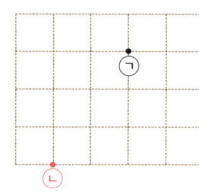

12 위쪽으로 3칸, 오른쪽으로 2칸

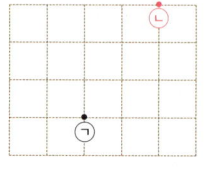

5. 점 ㉠을 어떻게 이동하면 점 ㉡의 위치로 이동할 수 있는지 □ 안에 알맞은 말이나 수를 써넣으세요.

1

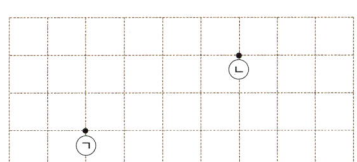

방법1 점 ㉠을 오른쪽으로 **4** 칸, **위** 쪽으로 **2** 칸 이동합니다.

방법2 점 ㉠을 위쪽으로 **2** 칸, **오른** 쪽으로 **4** 칸 이동합니다.

2

방법1 점 ㉠을 왼쪽으로 **7** 칸, **아래** 쪽으로 **2** 칸 이동합니다.

방법2 점 ㉠을 아래쪽으로 **2** 칸, **왼** 쪽으로 **7** 칸 이동합니다.

점 ㉠을 어떻게 이동하면 점 ㉡의 위치로 이동할 수 있는지 □ 안에 알맞은 말이나 수를 써넣으세요.

3

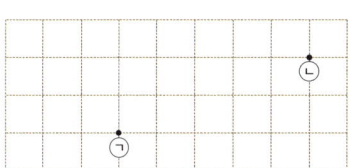

방법1 점 ㉠을 오른쪽으로 **5** 칸, **위** 쪽으로 **2** 칸 이동합니다.

방법2 점 ㉠을 위쪽으로 **2** 칸, **오른** 쪽으로 **5** 칸 이동합니다.

4

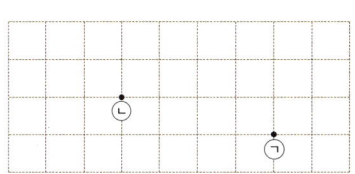

방법1 점 ㉠을 왼쪽으로 **4** 칸, **위** 쪽으로 **1** 칸 이동합니다.

방법2 점 ㉠을 위쪽으로 **1** 칸, **왼** 쪽으로 **4** 칸 이동합니다.

---

2. 평면도형 밀기

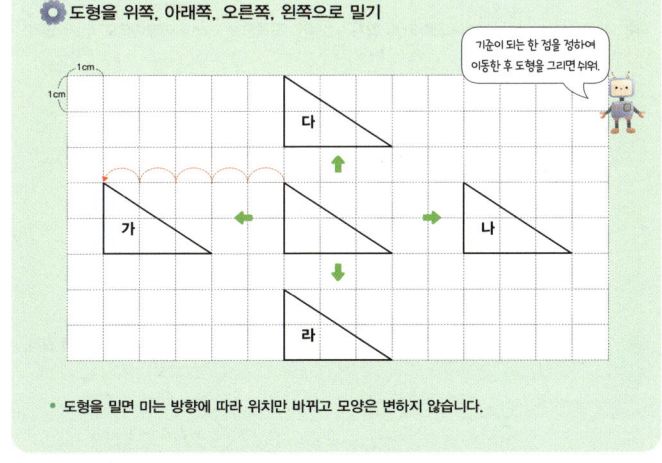

도형을 위쪽, 아래쪽, 오른쪽, 왼쪽으로 밀기

기준이 되는 한 점을 정하여 이동한 후 도형을 그리면 쉬워.

• 도형을 밀면 미는 방향에 따라 위치만 바뀌고 모양은 변하지 않습니다.

1. 도형을 주어진 방법으로 밀었을 때의 도형을 그려 보세요.

1 오른쪽으로 3 cm 밀기

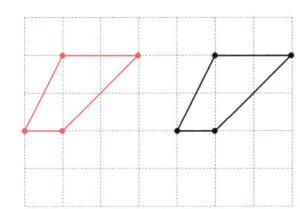

2 왼쪽으로 4 cm 밀기

도형을 주어진 방법으로 밀었을 때의 도형을 그려 보세요.

3 오른쪽으로 4 cm 밀기

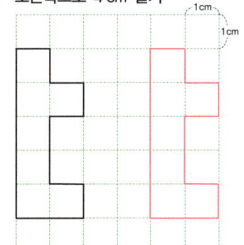

4 아래쪽으로 6 cm 밀기

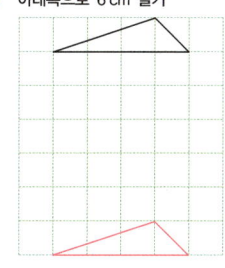

5 왼쪽으로 3 cm 밀기

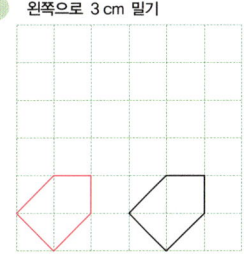

6 위쪽으로 3 cm 밀기

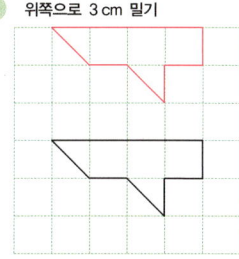

7 오른쪽으로 4 cm 밀기

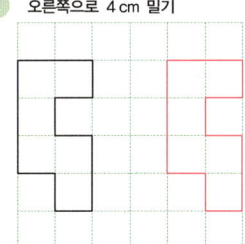

8 아래쪽으로 4 cm 밀기

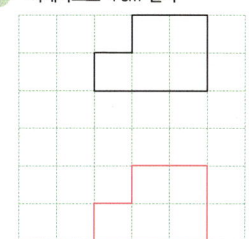

2. ㉮ 도형을 ㉯ 도형의 위치로 이동하는 방법을 쓰세요.

1

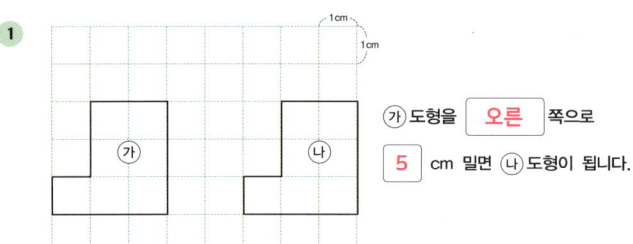

㉮ 도형을 **오른** 쪽으로

5 cm 밀면 ㉯ 도형이 됩니다.

2

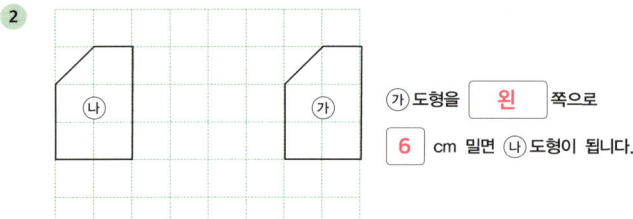

㉮ 도형을 **왼** 쪽으로

6 cm 밀면 ㉯ 도형이 됩니다.

3

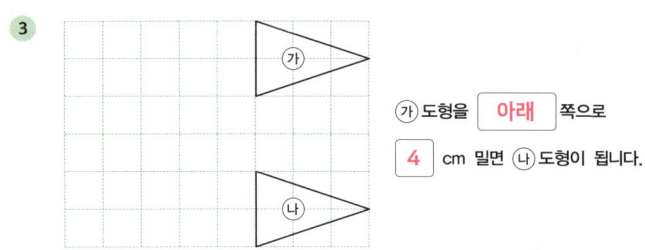

㉮ 도형을 **아래** 쪽으로

4 cm 밀면 ㉯ 도형이 됩니다.

㉮ 도형을 ㉯ 도형의 위치로 이동하는 방법을 쓰세요.

4

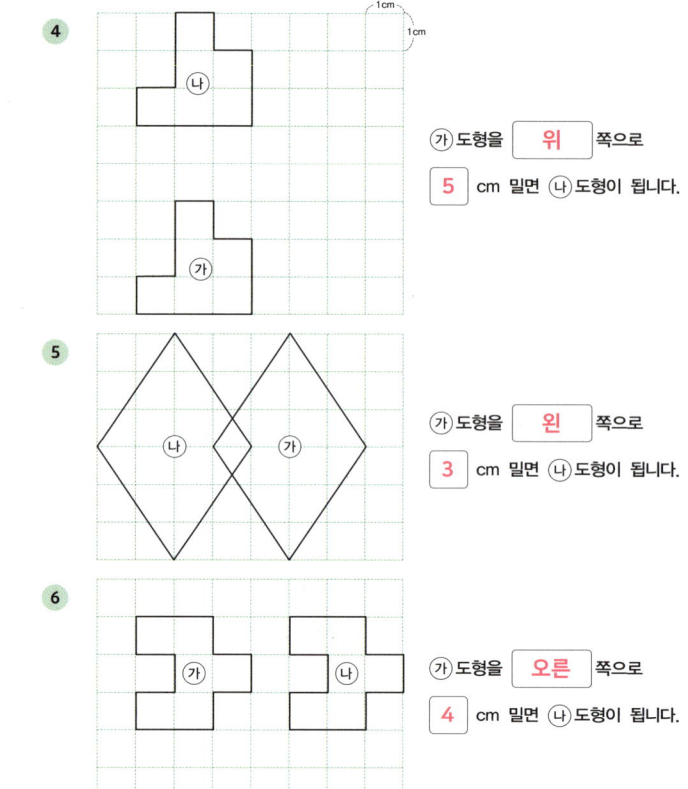

㉮ 도형을 **위** 쪽으로

5 cm 밀면 ㉯ 도형이 됩니다.

5

㉮ 도형을 **왼** 쪽으로

3 cm 밀면 ㉯ 도형이 됩니다.

6

㉮ 도형을 **오른** 쪽으로

4 cm 밀면 ㉯ 도형이 됩니다.

---

3. 도형을 주어진 방법으로 밀었을 때의 도형을 그려 보세요.

1 오른쪽으로 5 cm 밀고, 아래쪽으로 2 cm 밀기

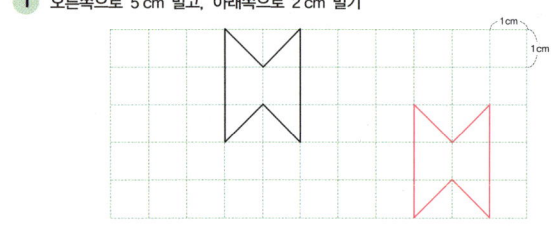

2 왼쪽으로 6 cm 밀고, 아래쪽으로 1 cm 밀기

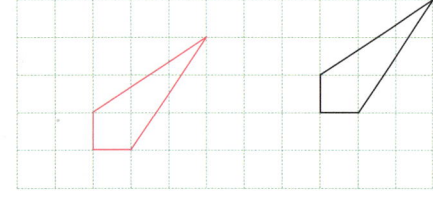

3 왼쪽으로 7 cm 밀고, 위쪽으로 3 cm 밀기

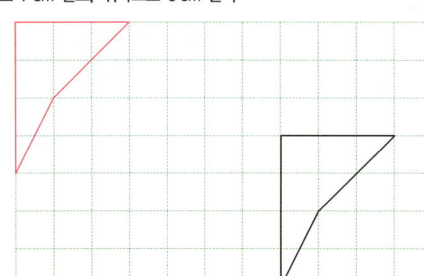

도형을 주어진 방법으로 밀었을 때의 도형을 그려 보세요.

4 오른쪽으로 4 cm, 아래쪽으로 3 cm 밀기

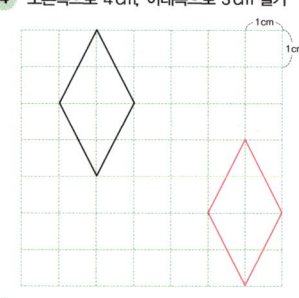

5 왼쪽으로 2 cm, 아래쪽으로 4 cm 밀기

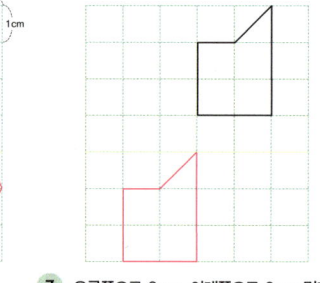

6 왼쪽으로 4 cm, 위쪽으로 2 cm 밀기

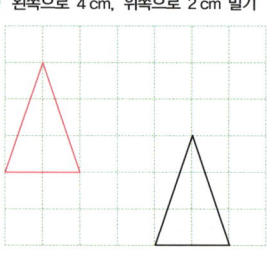

7 오른쪽으로 2 cm, 아래쪽으로 3 cm 밀기

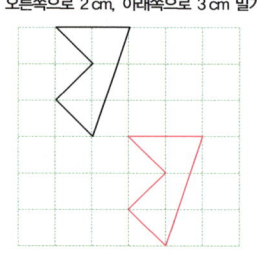

8 오른쪽으로 2 cm, 아래쪽으로 2 cm 밀기

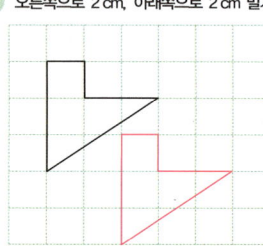

9 왼쪽으로 3 cm, 위쪽으로 1 cm 밀기

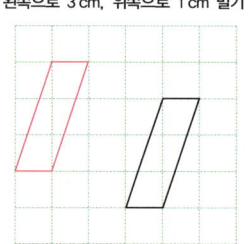

4. 가 도형을 나 도형의 위치로 이동하는 방법을 쓰세요.

1

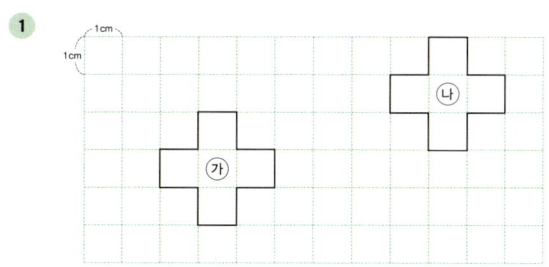

가 도형을 오른쪽으로 **6** cm, **위** 쪽으로 **2** cm 밀면
나 도형이 됩니다.

2

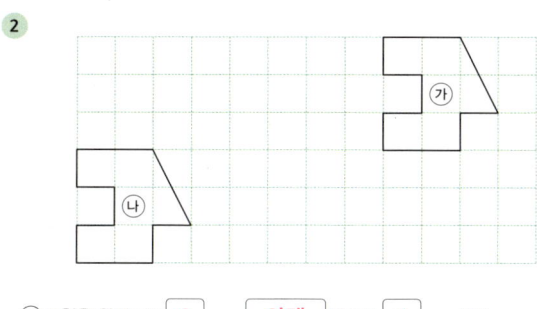

가 도형을 왼쪽으로 **8** cm, **아래** 쪽으로 **3** cm 밀면
나 도형이 됩니다.

가 도형을 나 도형의 위치로 이동하는 방법을 쓰세요.

3

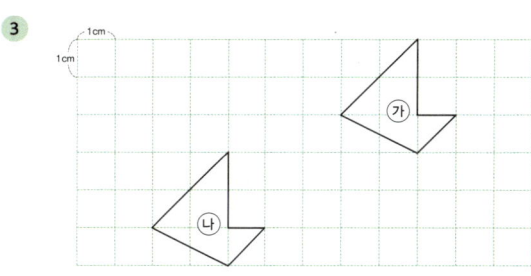

가 도형을 **왼** 쪽으로 5cm, **아래** 쪽으로 **3** cm 밀면
나 도형이 됩니다.

4

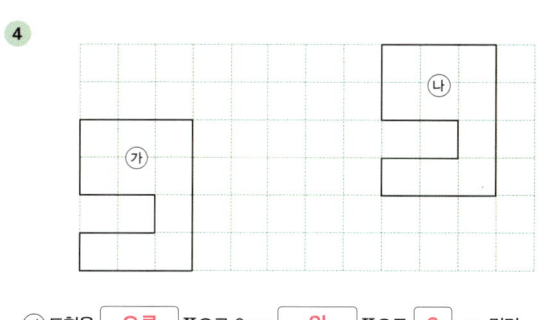

가 도형을 **오른** 쪽으로 8cm, **위** 쪽으로 **2** cm 밀면
나 도형이 됩니다.

3. 평면도형 뒤집기

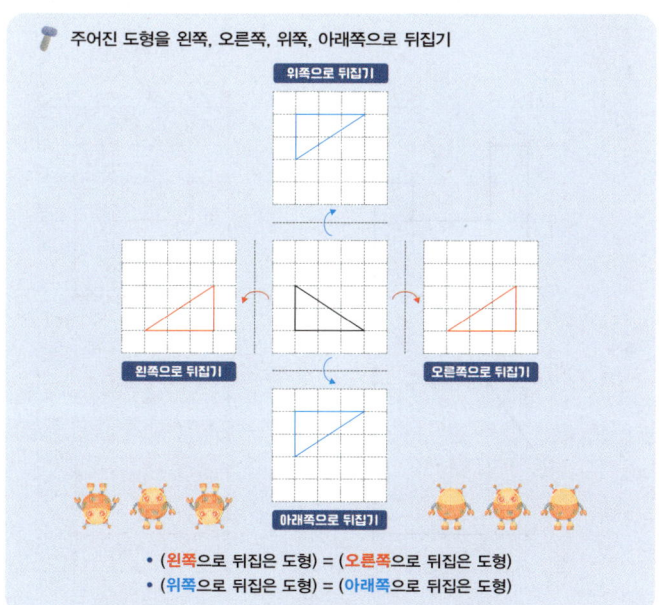

주어진 도형을 왼쪽, 오른쪽, 위쪽, 아래쪽으로 뒤집기

위쪽으로 뒤집기

왼쪽으로 뒤집기   오른쪽으로 뒤집기

아래쪽으로 뒤집기

• (왼쪽으로 뒤집은 도형) = (오른쪽으로 뒤집은 도형)
• (위쪽으로 뒤집은 도형) = (아래쪽으로 뒤집은 도형)

조각을 다음과 같이 뒤집었을 때의 모양을 찾아 알맞은 기호에 ◯표 하세요.

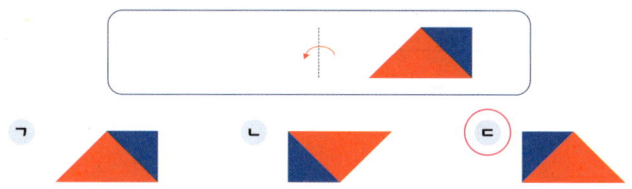

ㄱ   ㄴ   ㄷ

조각을 다음과 같이 뒤집었을 때의 모양을 찾아 알맞은 기호에 ◯표 하세요.

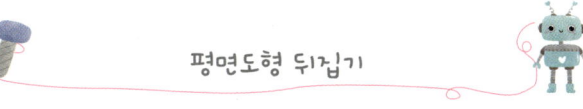

ㄱ   ㄴ   ㄷ

조각을 다음과 같이 뒤집었을 때의 모양을 찾아 알맞은 기호에 ◯표 하세요.

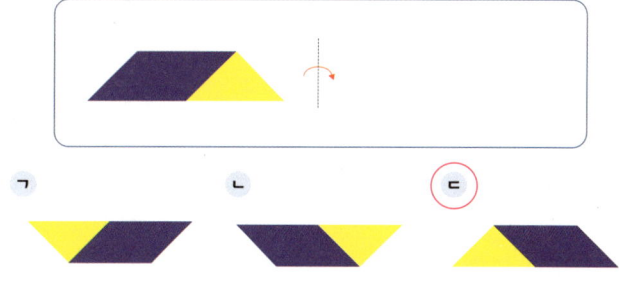

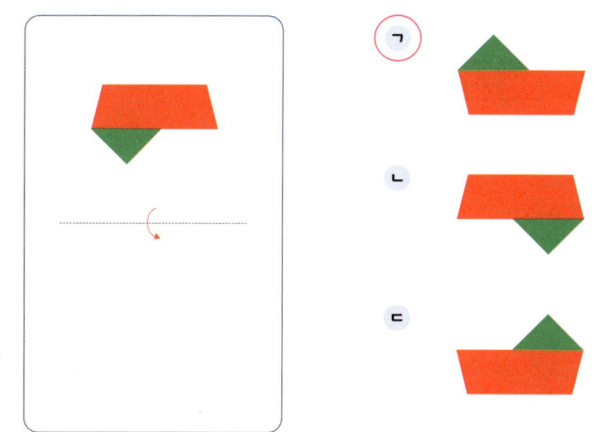

ㄱ

ㄴ

ㄷ

평면도형 뒤집기

1. 오른쪽으로 뒤집었을 때의 위치를 찾아 점을 찍어 보세요.
(뒤집었을 때 숫자의 위치를 잘 살펴보세요.)

> 1번 줄 맨 위에서 아래로 1칸
> 이동한 곳에 점을 찍어 봐.

1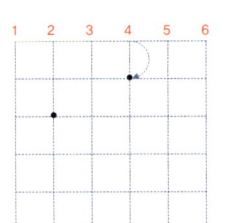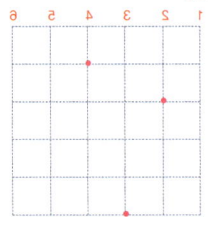

2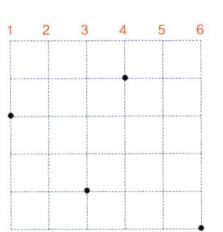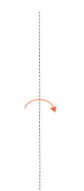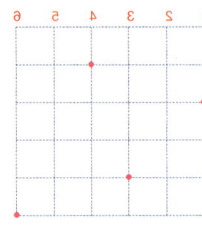

3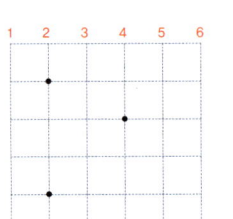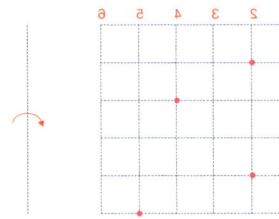

평면도형 뒤집기

오른쪽으로 뒤집었을 때의 위치를 찾아 점을 찍어 보세요.
(뒤집었을 때 숫자의 위치를 잘 살펴보세요.)

4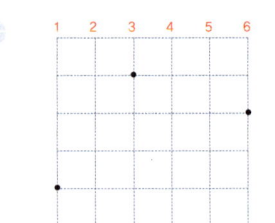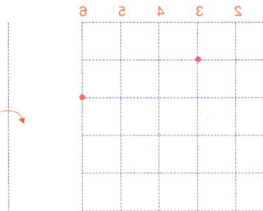

5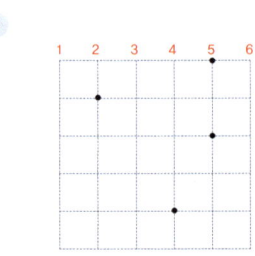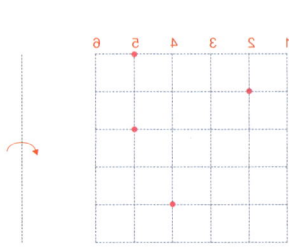

6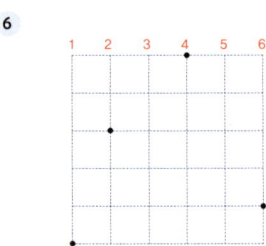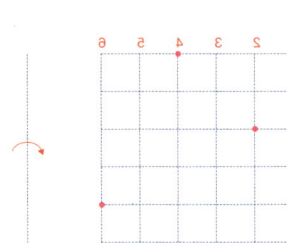

평면도형 뒤집기

2. 도형을 오른쪽으로 뒤집었을 때의 도형을 그려 보세요. (투명카드로 확인해 보세요.)

> 점을 찍고 선으로 연결해 봐.

1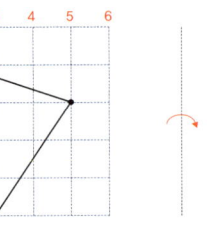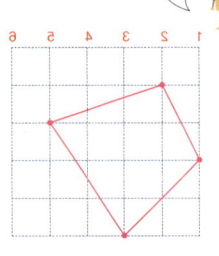

2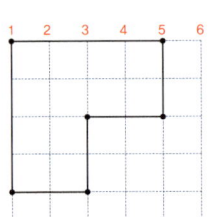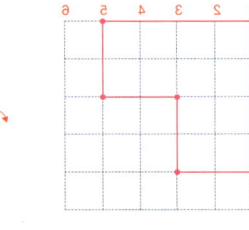

3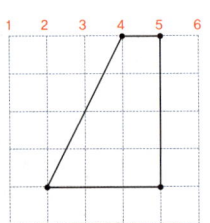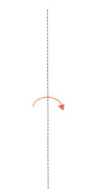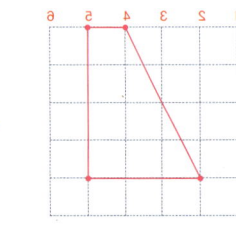

평면도형 뒤집기

도형을 오른쪽으로 뒤집었을 때의 도형을 그려 보세요. (투명카드로 확인해 보세요.)

4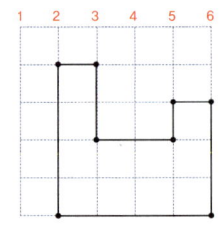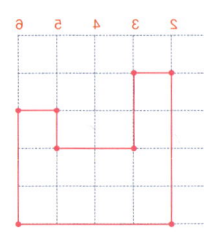

5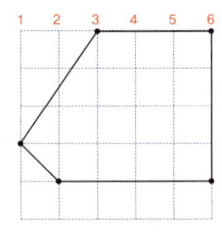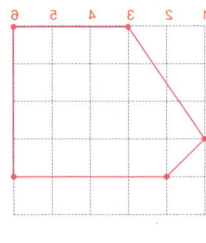

6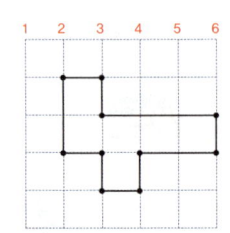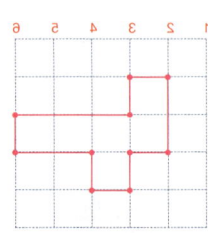

도형을 오른쪽으로 뒤집었을 때의 도형을 그려 보세요.
(숫자 없이 도전해 보고, 어려울 때는 직접 숫자를 써서 해결해 보세요.)

7
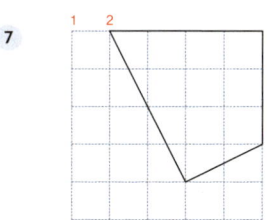
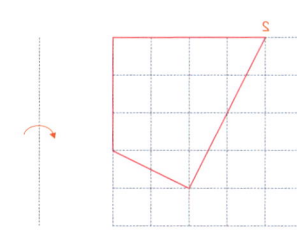

8
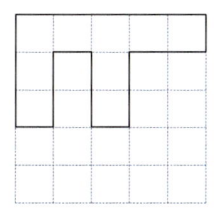
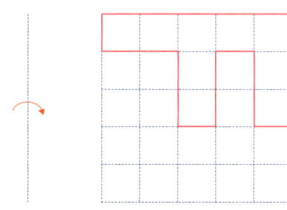

9
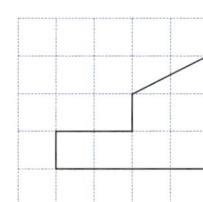
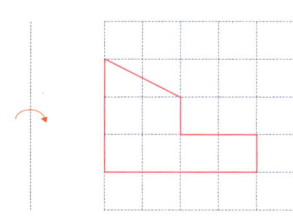

도형을 오른쪽으로 뒤집었을 때의 도형을 그려 보세요.
(숫자 없이 도전해 보고, 어려울 때는 직접 숫자를 써서 해결해 보세요.)

10

11

12

---

3. 도형을 왼쪽으로 뒤집었을 때의 도형을 그려 보세요. (투명카드로 확인해 보세요.)

점을 찍고 선으로 연결해 봐.

1
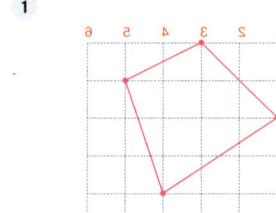
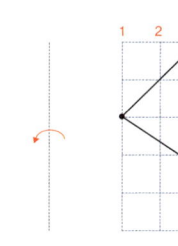

2
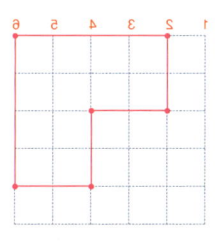

3
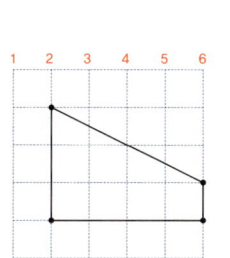

도형을 왼쪽으로 뒤집었을 때의 도형을 그려 보세요. (투명카드로 확인해 보세요.)

4
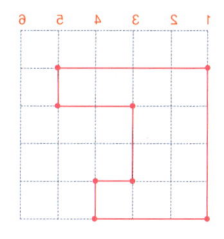

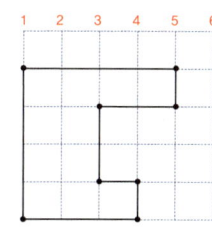

5
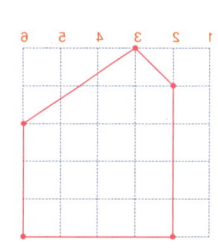
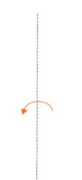
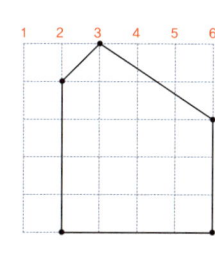

6
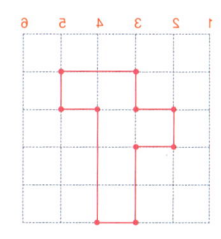

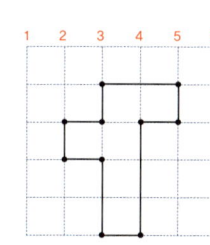

평면도형 뒤집기

도형을 왼쪽으로 뒤집었을 때의 도형을 그려 보세요.
(숫자 없이 도전해 보고, 어려울 때는 직접 숫자를 써서 해결해 보세요.)

7

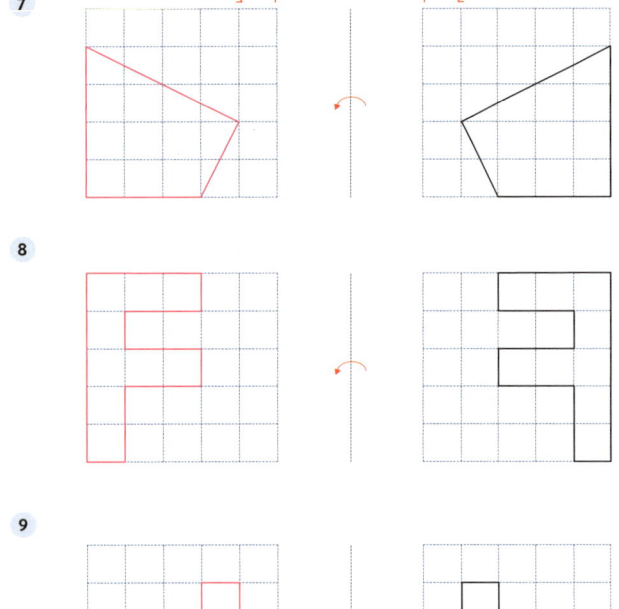

8

9

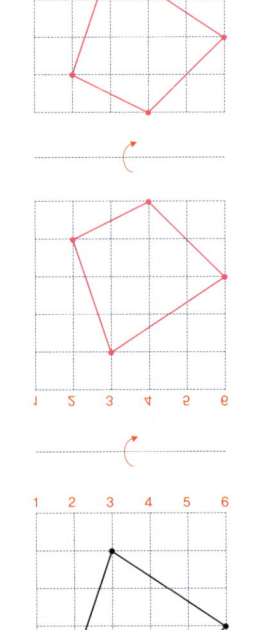

평면도형 뒤집기

도형을 왼쪽으로 뒤집었을 때의 도형을 그려 보세요.
(숫자 없이 도전해 보고, 어려울 때는 직접 숫자를 써서 해결해 보세요.)

10

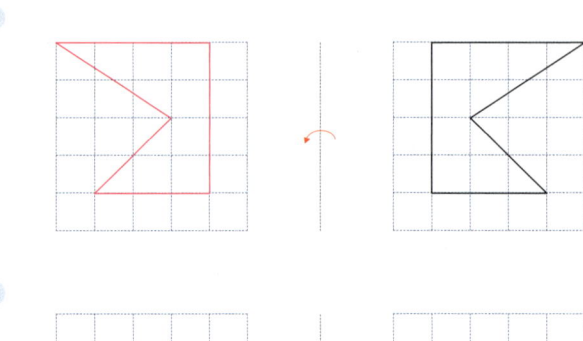

11

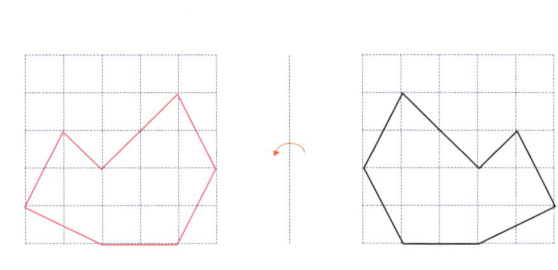

12

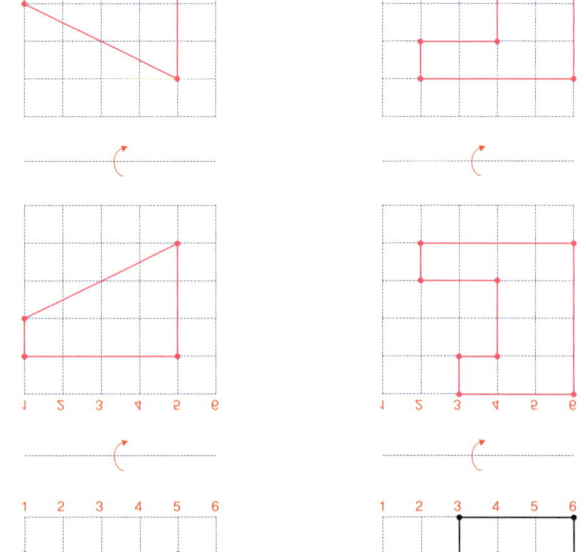

평면도형 뒤집기

4. 도형을 위쪽으로 뒤집었을 때의 도형을 그려 보세요. (투명카드로 확인해 보세요.)

1

2

평면도형 뒤집기

도형을 위쪽으로 뒤집었을 때의 도형을 그려 보세요. (투명카드로 확인해 보세요.)

3

4

평면도형 뒤집기

도형을 위쪽으로 뒤집었을 때의 도형을 그려 보세요.
(숫자 없이 도전해 보고, 어려울 때는 직접 숫자를 써서 해결해 보세요.)

5
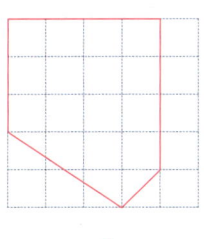

6
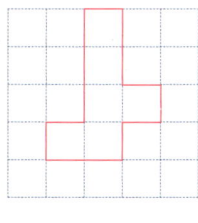

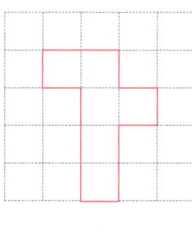

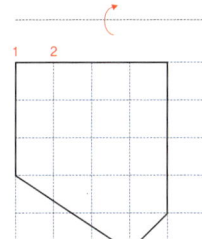

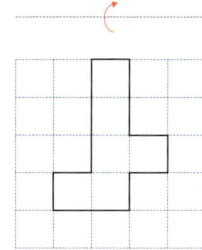

평면도형 뒤집기

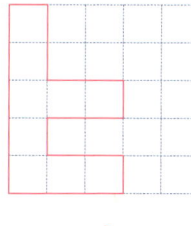

도형을 위쪽으로 뒤집었을 때의 도형을 그려 보세요.
(숫자 없이 도전해 보고, 어려울 때는 직접 숫자를 써서 해결해 보세요.)

7
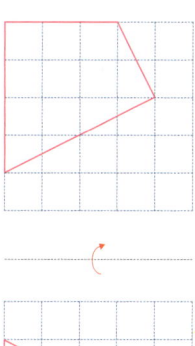

8
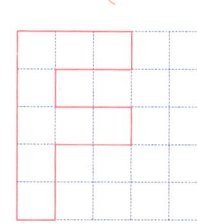

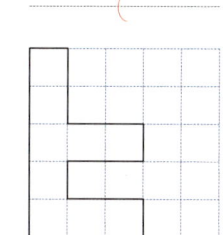

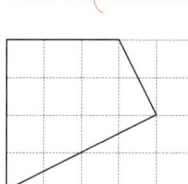

평면도형 뒤집기

도형을 위쪽으로 뒤집었을 때의 도형을 그려 보세요.
(숫자 없이 도전해 보고, 어려울 때는 직접 숫자를 써서 해결해 보세요.)

9
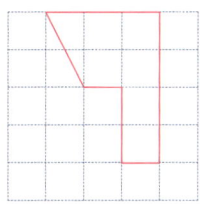

10
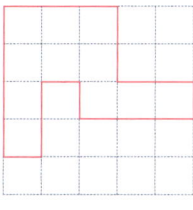

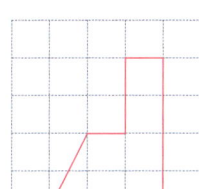

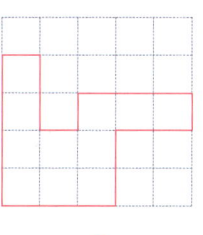

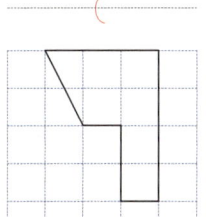

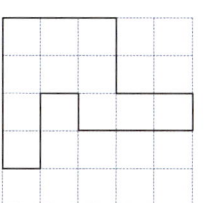

평면도형 뒤집기

도형을 위쪽으로 뒤집었을 때의 도형을 그려 보세요.
(숫자 없이 도전해 보고, 어려울 때는 직접 숫자를 써서 해결해 보세요.)

11
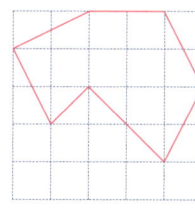

12
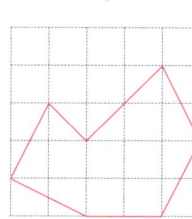

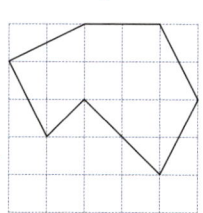

5. 도형을 아래쪽으로 뒤집었을 때의 도형을 그려 보세요. (투명카드로 확인해 보세요.)

1

2

도형을 아래쪽으로 뒤집었을 때의 도형을 그려 보세요. (투명카드로 확인해 보세요.)

3

4

도형을 아래쪽으로 뒤집었을 때의 도형을 그려 보세요.
(숫자 없이 도전해 보고, 어려울 때는 직접 숫자를 써서 해결해 보세요.)

5

6

도형을 아래쪽으로 뒤집었을 때의 도형을 그려 보세요.
(숫자 없이 도전해 보고, 어려울 때는 직접 숫자를 써서 해결해 보세요.)

7

8

도형을 아래쪽으로 뒤집었을 때의 도형을 그려 보세요.
(숫자 없이 도전해 보고, 어려울 때는 직접 숫자를 써서 해결해 보세요.)

9

10

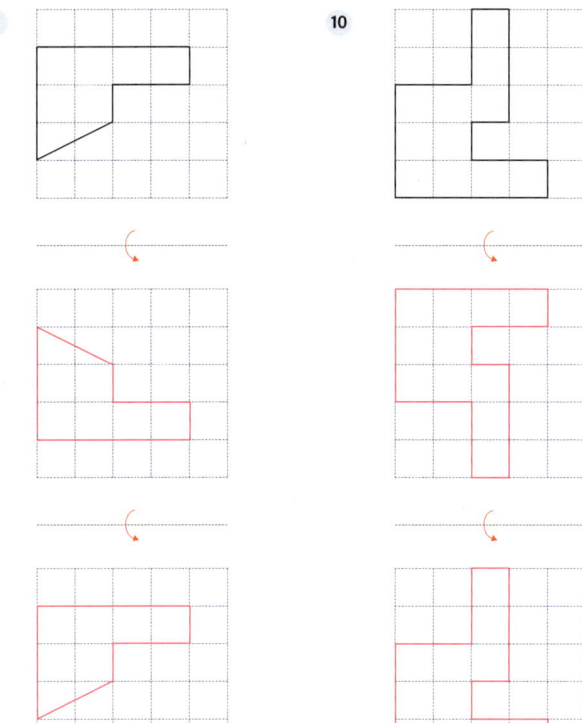

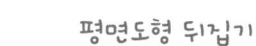

도형을 아래쪽으로 뒤집었을 때의 도형을 그려 보세요.
(숫자 없이 도전해 보고, 어려울 때는 직접 숫자를 써서 해결해 보세요.)

11

12

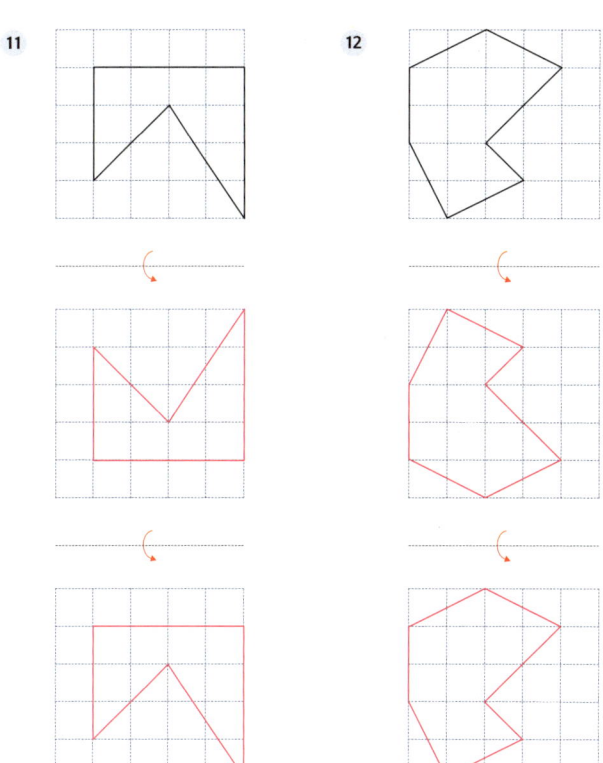

연습 문제

도형을 주어진 방향으로 뒤집었을 때의 도형을 그려 보세요.

뒤집는 방향을 잘 살펴봐.

1

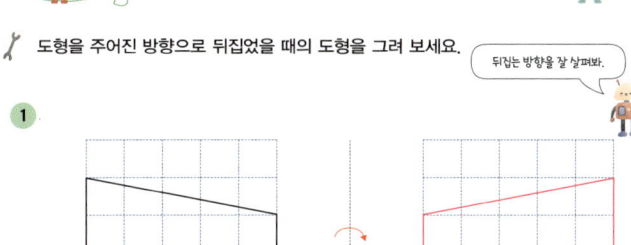

2

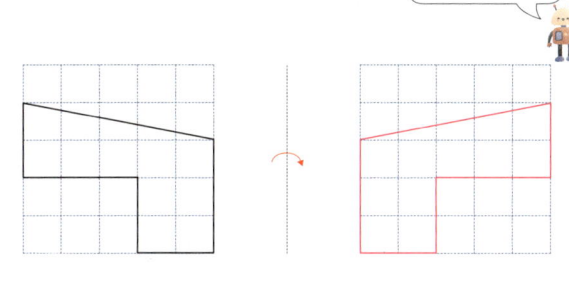

3

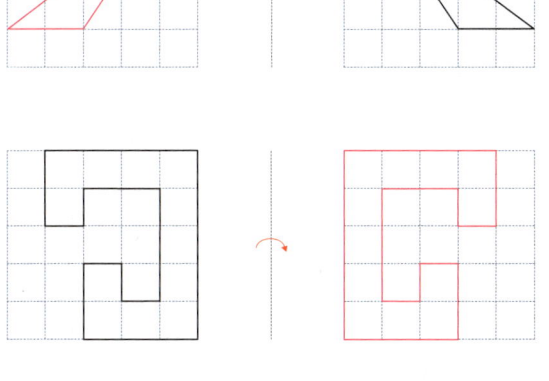

연습 문제

도형을 주어진 방향으로 뒤집었을 때의 도형을 그려 보세요.

4

5

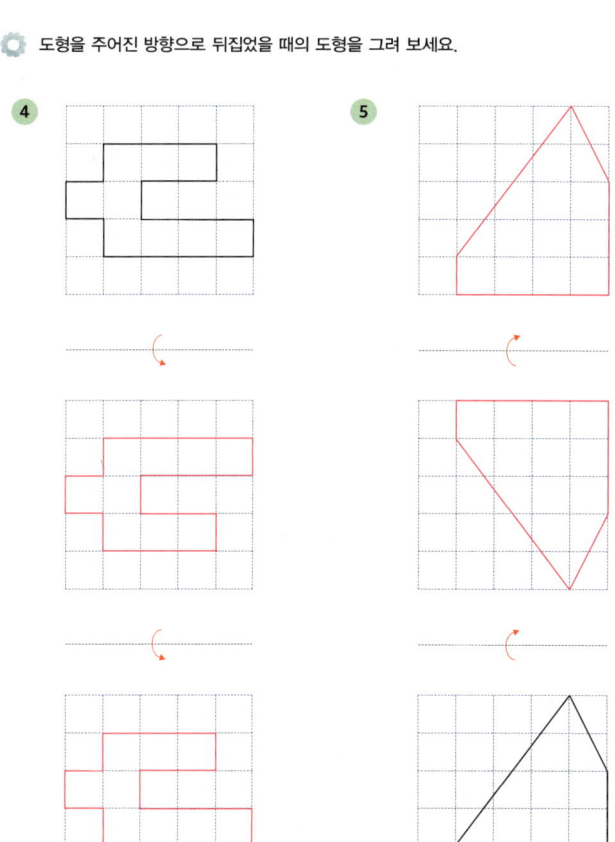

도형을 주어진 방향으로 뒤집었을 때의 도형을 그려 보세요.

6

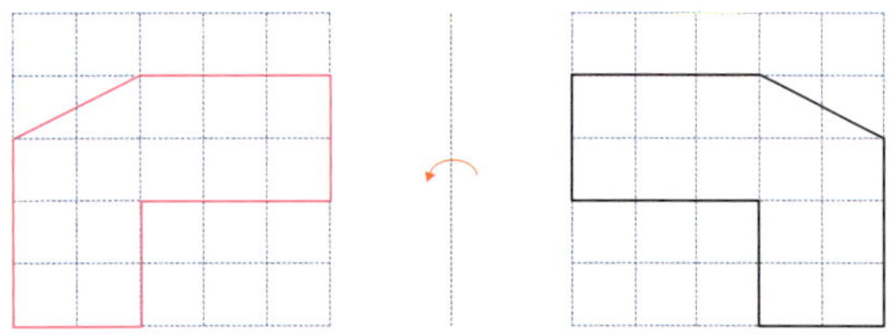

7

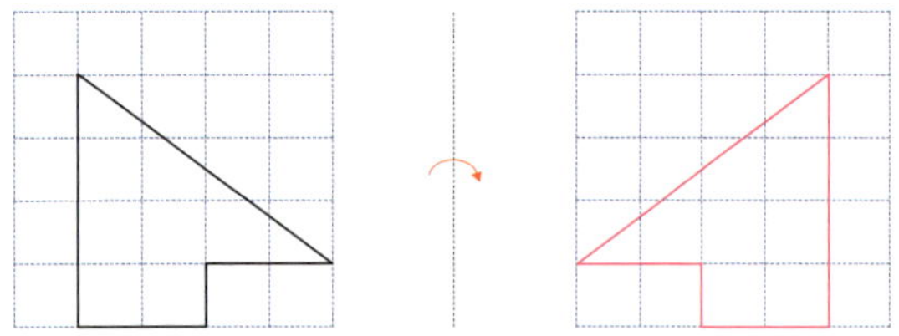

8

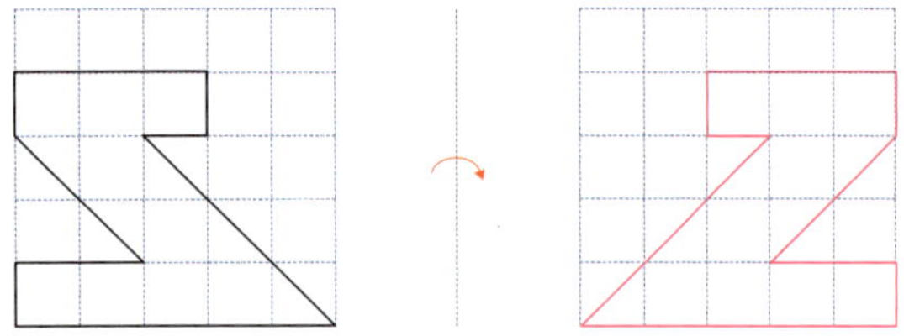

도형을 주어진 방향으로 뒤집었을 때의 도형을 그려 보세요.

9

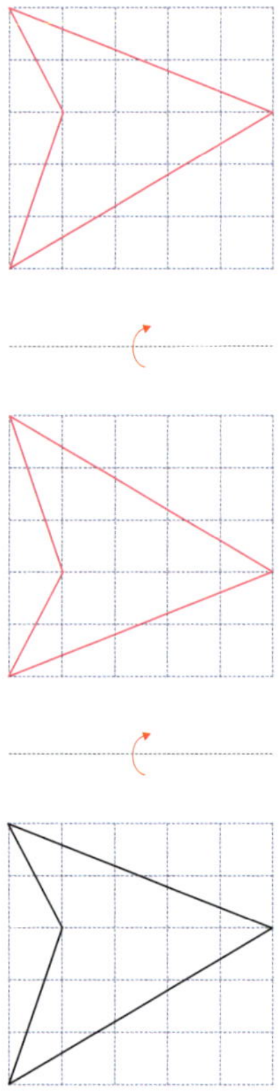

10

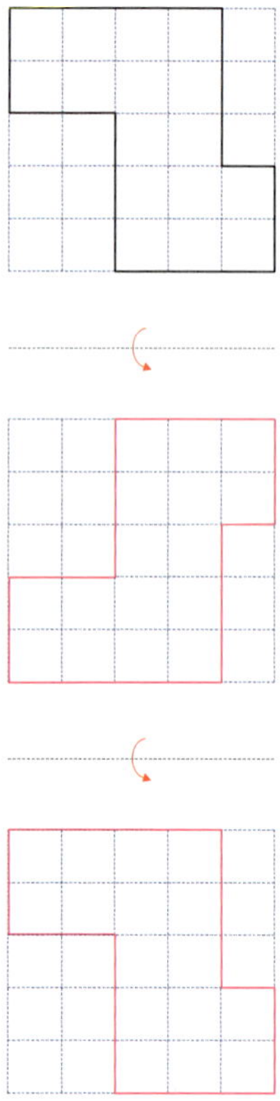

---

4. 평면도형 돌리기

⚙️ 도형을 **시계** 방향으로 돌리기

도형을 시계 방향으로 돌리면 빨간 선이 어디로 이동하는지 살펴봐.

360°

270°

90°

180°

🔧 모양 조각을 시계 방향으로 90°만큼 돌렸을 때의 모양에 ◯표 하세요.

1

2

( )   (◯)

평면도형 돌리기

⚙️ 도형을 **시계 반대** 방향으로 돌리기

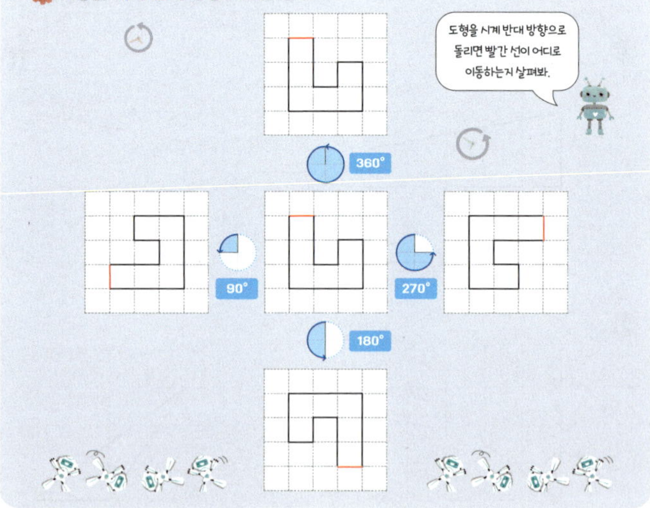

도형을 시계 반대 방향으로 돌리면 빨간 선이 어디로 이동하는지 살펴봐.

360°

90°

270°

180°

⬡ 어떤 도형을 주어진 방향으로 돌렸을 때의 도형이 서로 같은 것끼리 선으로 이어 보세요.

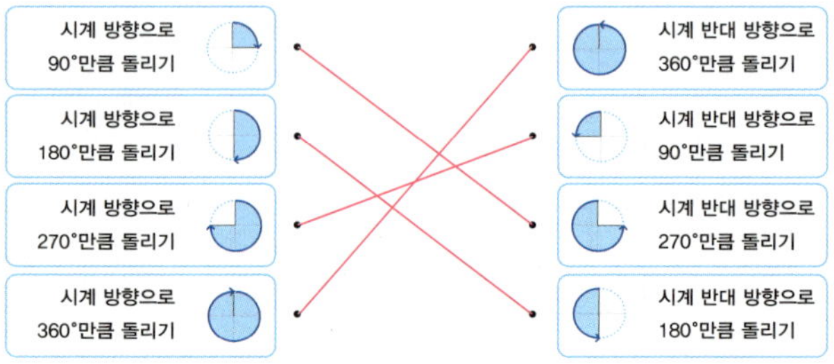

시계 방향으로 90°만큼 돌리기		시계 반대 방향으로 360°만큼 돌리기
시계 방향으로 180°만큼 돌리기		시계 반대 방향으로 90°만큼 돌리기
시계 방향으로 270°만큼 돌리기		시계 반대 방향으로 270°만큼 돌리기
시계 방향으로 360°만큼 돌리기		시계 반대 방향으로 180°만큼 돌리기

1. 시계 방향으로 90°만큼 돌렸을 때의 위치를 찾아 점을 찍어 보세요.
(돌렸을 때 숫자의 위치를 잘 살펴보세요.)

2번 줄 맨 위에서 아래로 1칸 이동한 곳에 점을 찍어 봐.

①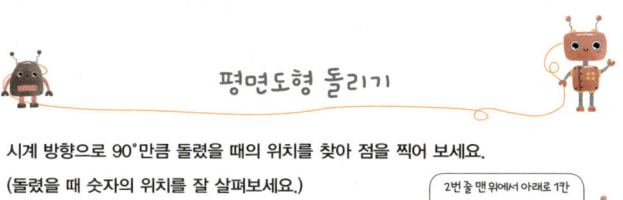

②

③

시계 방향으로 90°만큼 돌렸을 때의 위치를 찾아 점을 찍어 보세요.
(돌렸을 때 숫자의 위치를 잘 살펴보세요.)

④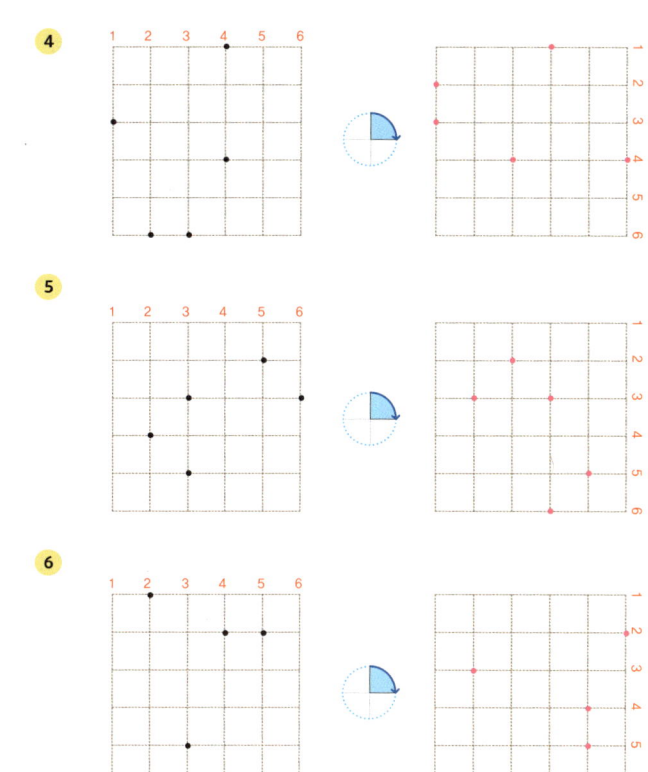

⑤

⑥

2. 시계 방향으로 90°만큼 돌렸을 때의 모양을 그려 보세요. (돌리기 카드로 확인해 보세요.)

점을 찍고 선으로 연결해 봐.

①

②

③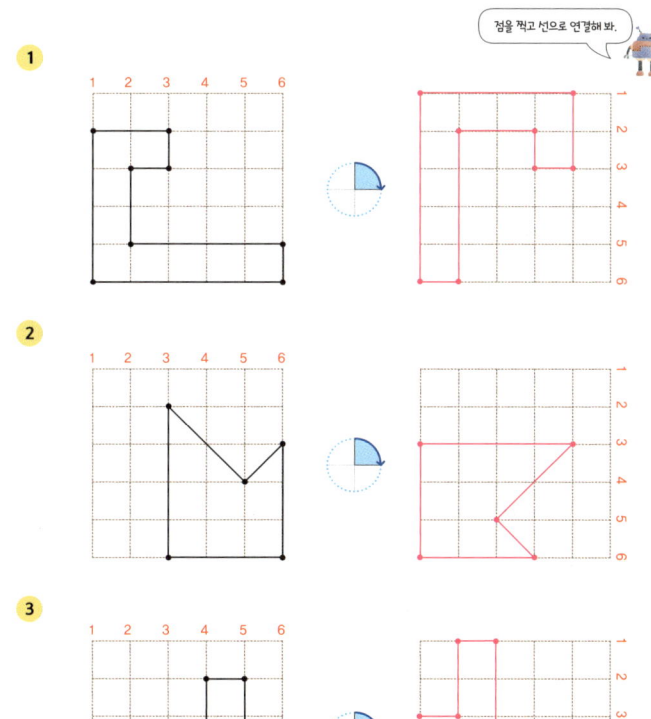

시계 방향으로 90°만큼 돌렸을 때의 모양을 그려 보세요. (돌리기 카드로 확인해 보세요.)

④

⑤

⑥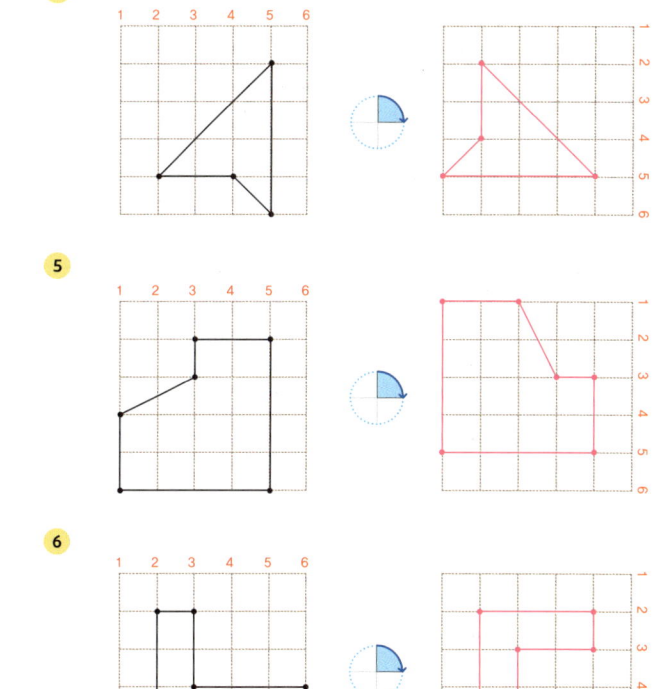

평면도형 돌리기

평면도형 돌리기

시계 방향으로 90°만큼 돌렸을 때의 모양을 그려 보세요.
(숫자 없이 도전해 보고, 어려울 때는 직접 숫자를 써서 해결해 보세요.)

시계 방향으로 90°만큼 돌렸을 때의 모양을 그려 보세요.
(숫자 없이 도전해 보고, 어려울 때는 직접 숫자를 써서 해결해 보세요.)

⑦
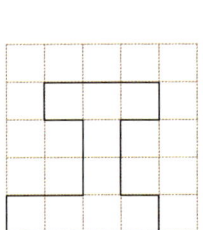

⑧
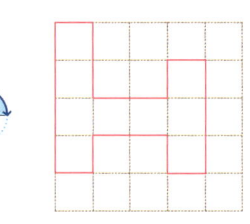

⑨
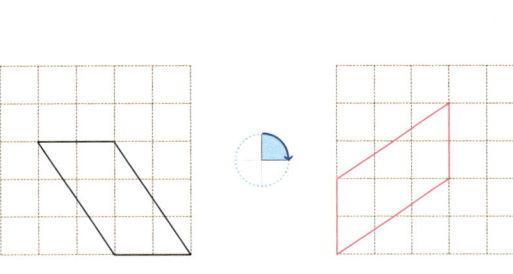

⑩
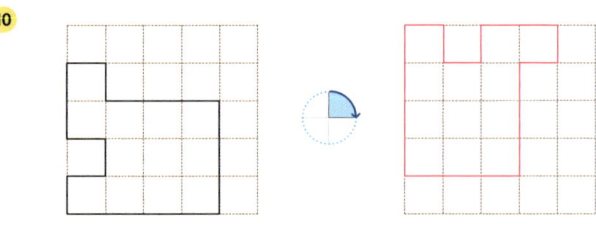

⑪
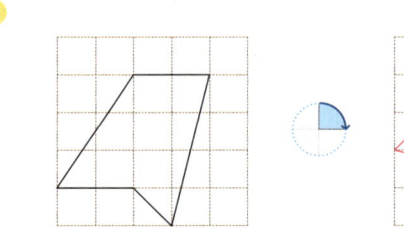

⑫
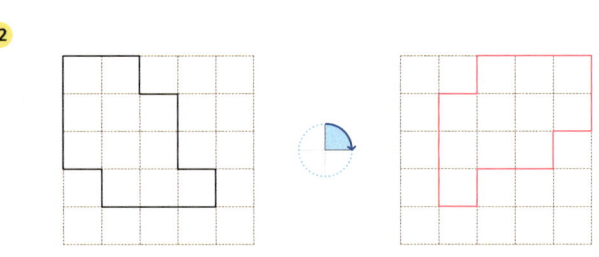

평면도형 돌리기

평면도형 돌리기

3. 시계 방향으로 180°만큼 돌렸을 때의 모양을 그려 보세요. (돌리기 카드로 확인해 보세요.)

점을 찍고 선으로 연결해 봐.

시계 방향으로 180°만큼 돌렸을 때의 모양을 그려 보세요. (돌리기 카드로 확인해 보세요.)

①
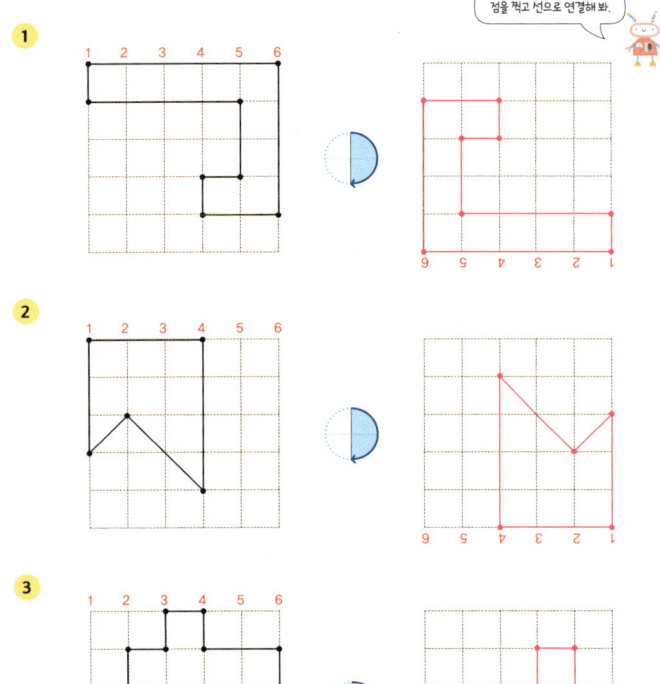

②

③

④
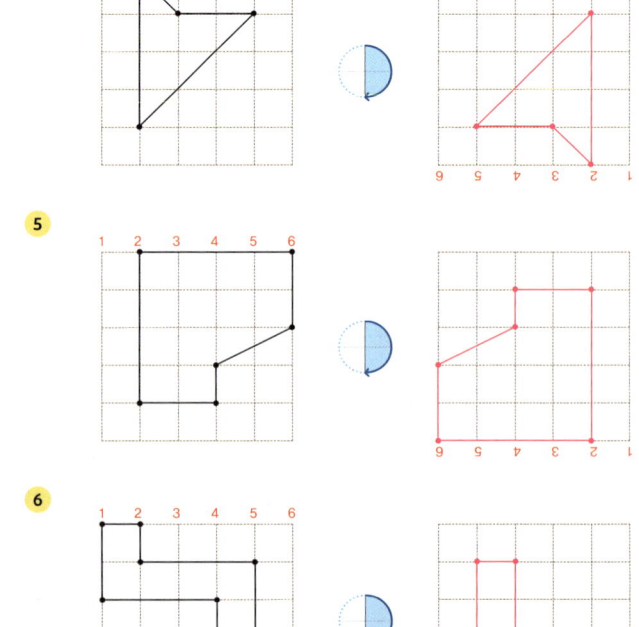

⑤

⑥

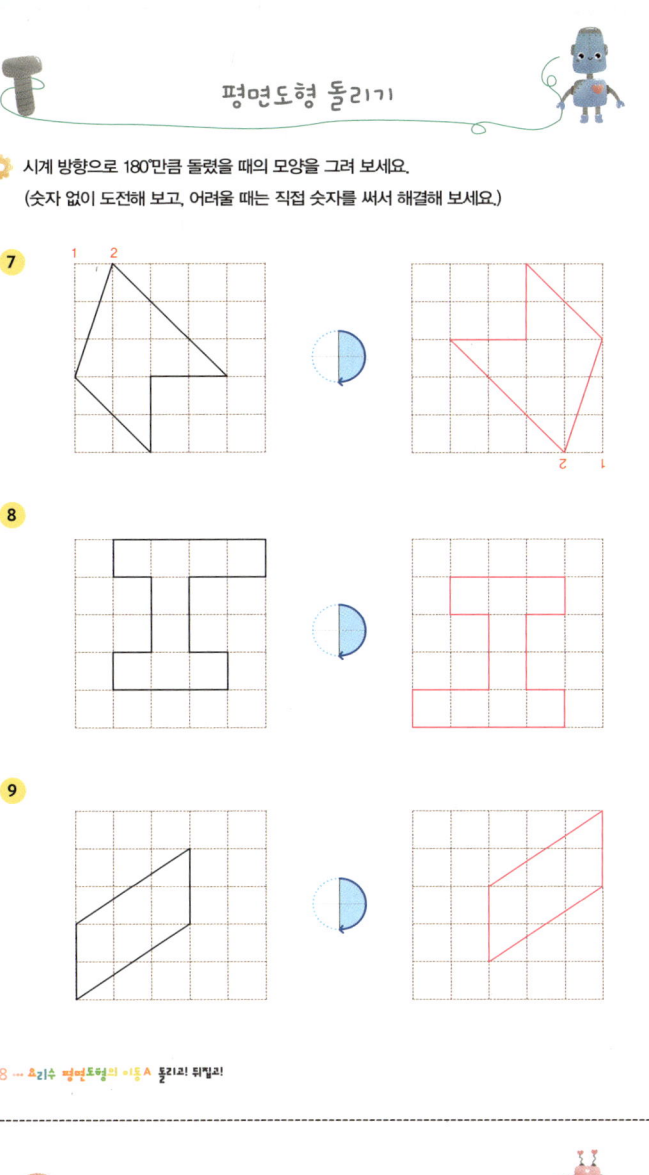

평면도형 돌리기

시계 방향으로 180°만큼 돌렸을 때의 모양을 그려 보세요.
(숫자 없이 도전해 보고, 어려울 때는 직접 숫자를 써서 해결해 보세요.)

7

8

9

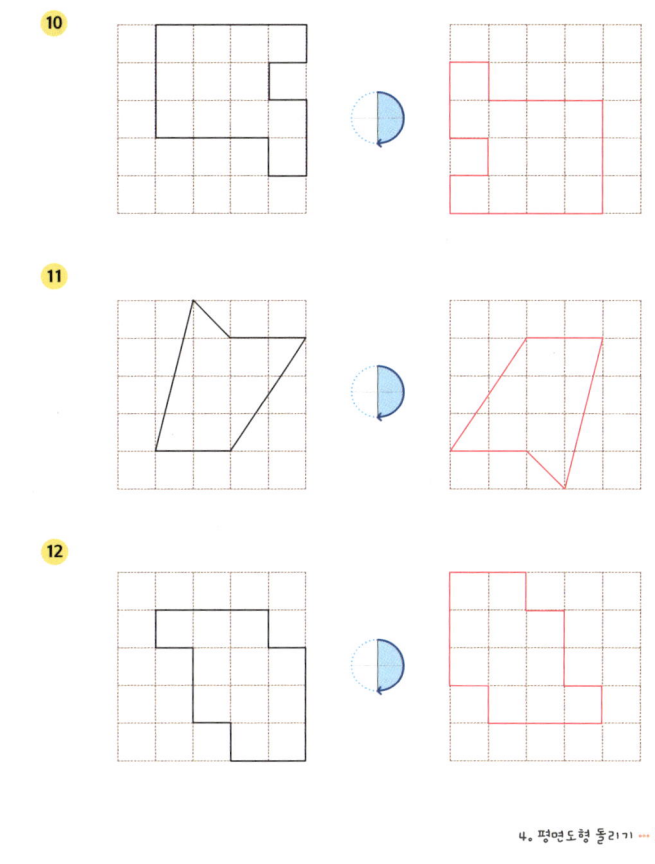

평면도형 돌리기

시계 방향으로 180°만큼 돌렸을 때의 모양을 그려 보세요.
(숫자 없이 도전해 보고, 어려울 때는 직접 숫자를 써서 해결해 보세요.)

10

11

12

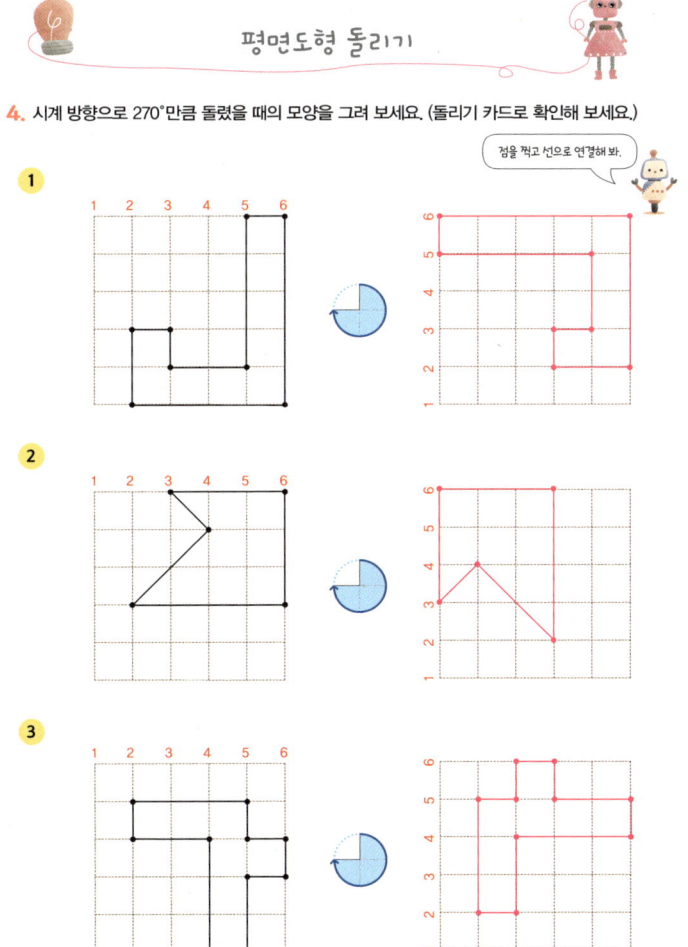

평면도형 돌리기

4. 시계 방향으로 270°만큼 돌렸을 때의 모양을 그려 보세요. (돌리기 카드로 확인해 보세요.)

점을 찍고 선으로 연결해 봐.

1

2

3

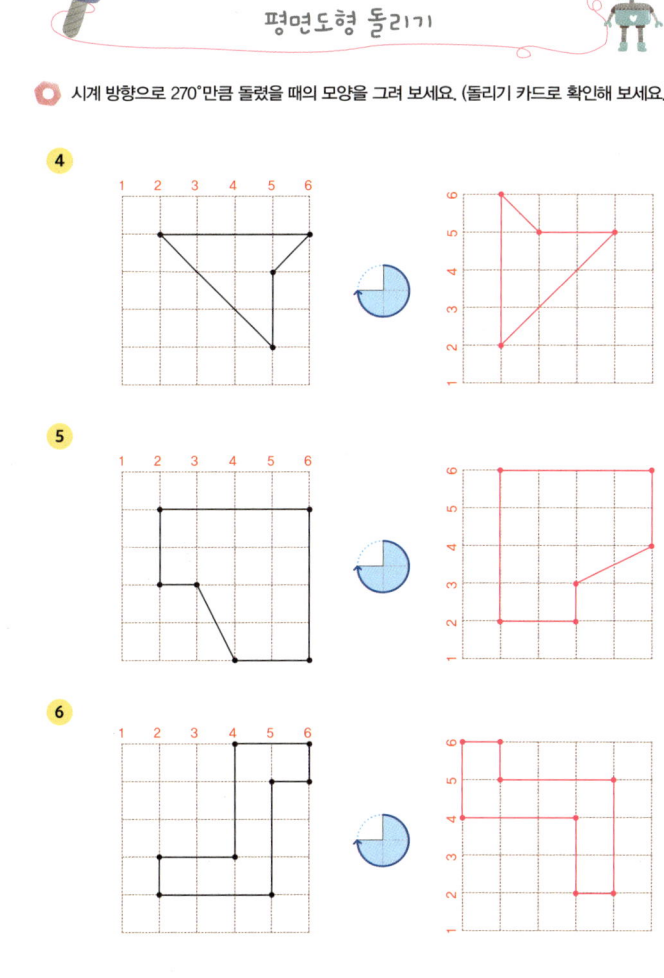

평면도형 돌리기

시계 방향으로 270°만큼 돌렸을 때의 모양을 그려 보세요. (돌리기 카드로 확인해 보세요.)

4

5

6

평면도형 돌리기

 시계 방향으로 270°만큼 돌렸을 때의 모양을 그려 보세요.
(숫자 없이 도전해 보고, 어려울 때는 직접 숫자를 써서 해결해 보세요.)

7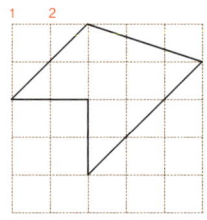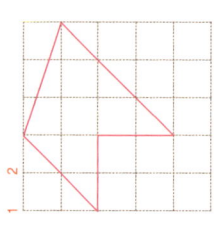

8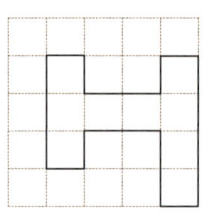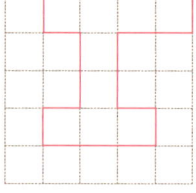

9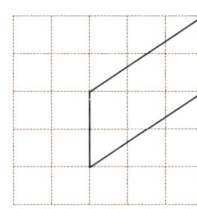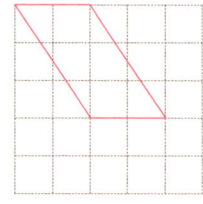

평면도형 돌리기

 시계 방향으로 270°만큼 돌렸을 때의 모양을 그려 보세요.
(숫자 없이 도전해 보고, 어려울 때는 직접 숫자를 써서 해결해 보세요.)

10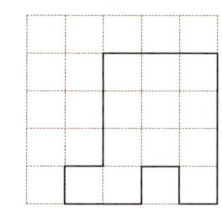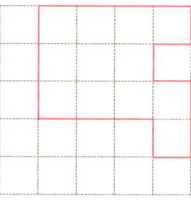

11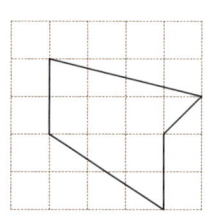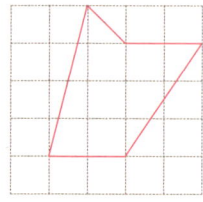

12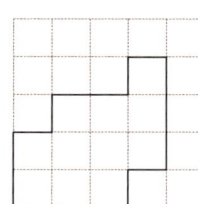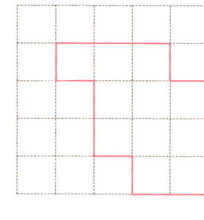

 연습 문제

 도형을 주어진 각도만큼 돌렸을 때의 도형을 그려 보세요.

돌리는 방향과 각도를 잘 살펴봐.

1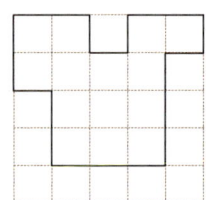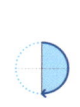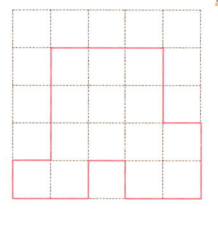

2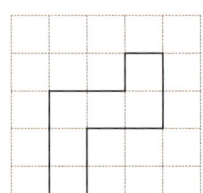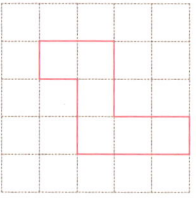

3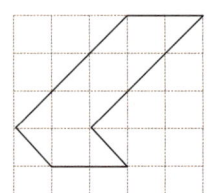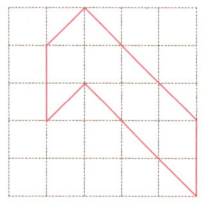

 연습 문제

 도형을 주어진 각도만큼 돌렸을 때의 도형을 그려 보세요.

4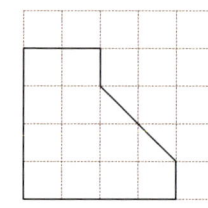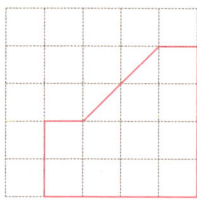

5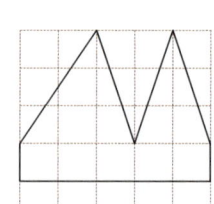

6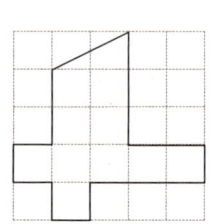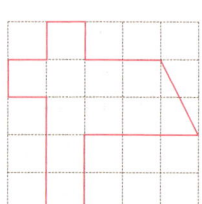

도형을 주어진 각도만큼 돌렸을 때의 도형을 그려 보세요.

7
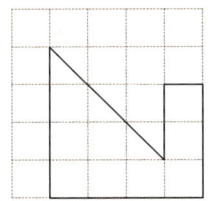  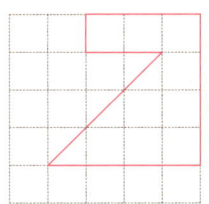

8
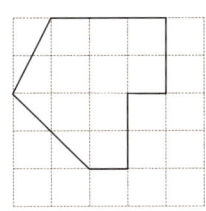  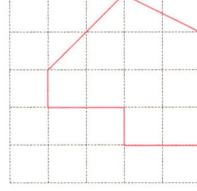

9
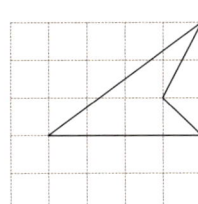  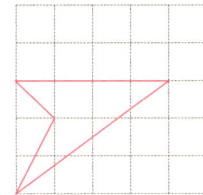

도형을 주어진 각도만큼 돌렸을 때의 도형을 그려 보세요.

10
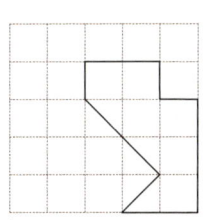 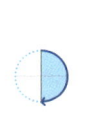 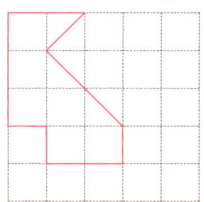

11
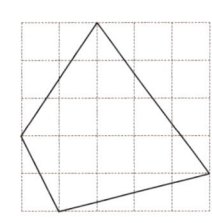 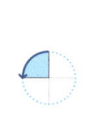 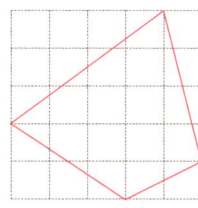

12
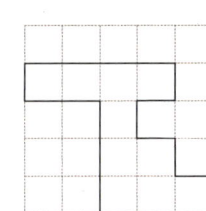  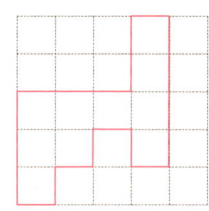

5. 평면도형 뒤집고 돌리기

⚙️ **도형을 뒤집고 돌리기**

오른쪽으로 뒤집기   시계 방향으로 90°만큼 돌리기

⚙️ **도형을 돌리고 뒤집기**

시계 방향으로 90°만큼 돌리기   오른쪽으로 뒤집기

🔩 조각을 오른쪽으로 뒤집고 시계 반대 방향으로 90°만큼 돌렸을 때의 모양에 ◯표 하세요.

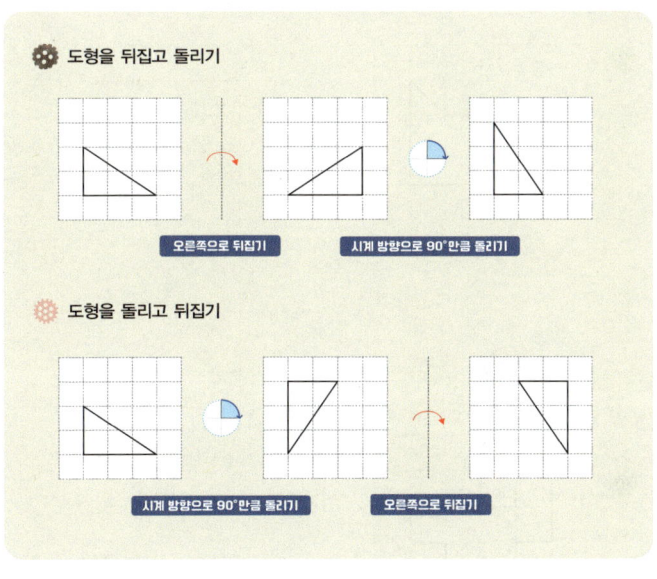

(　　　)   (◯)

1. 도형을 돌리고 뒤집거나, 뒤집고 돌렸을 때의 도형을 그려 보세요.

1
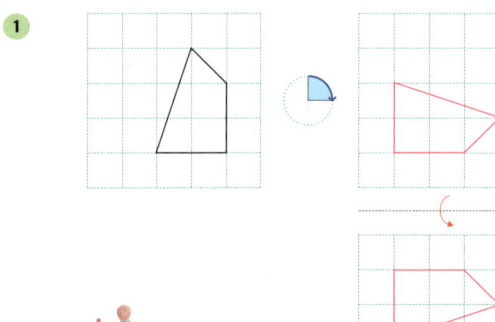  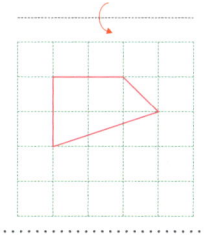

2
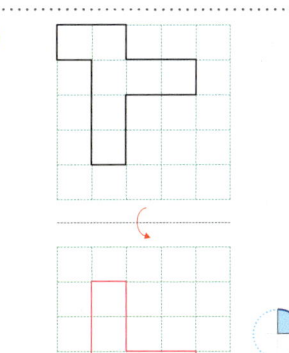 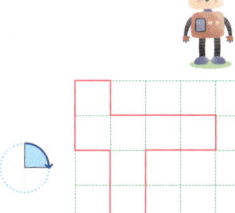

도형을 돌리고 뒤집거나, 뒤집고 돌렸을 때의 도형을 그려 보세요.

3

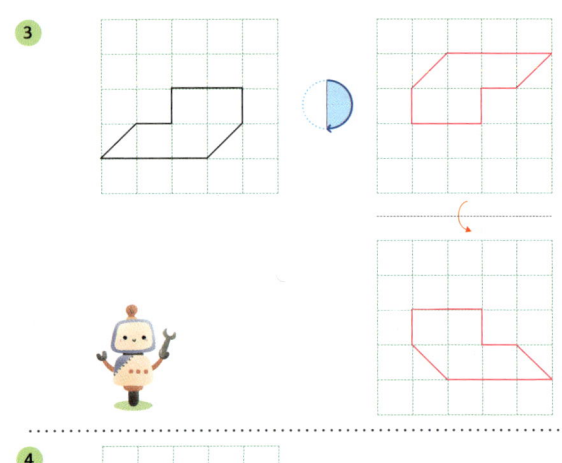

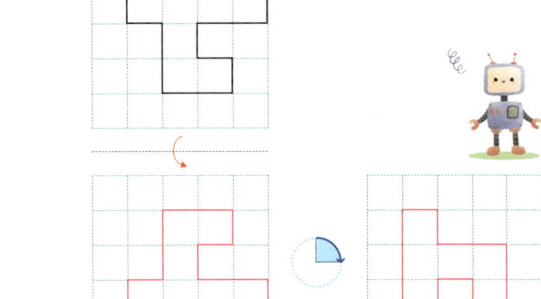

4

5

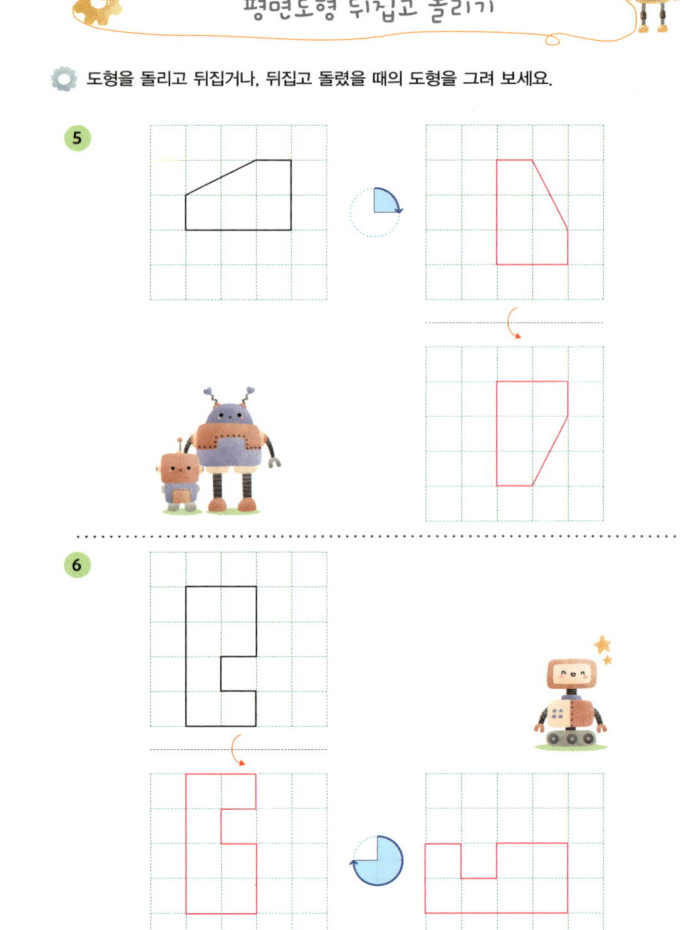

6

도형을 돌리고 뒤집거나, 뒤집고 돌렸을 때의 도형을 그려 보세요.

7

8

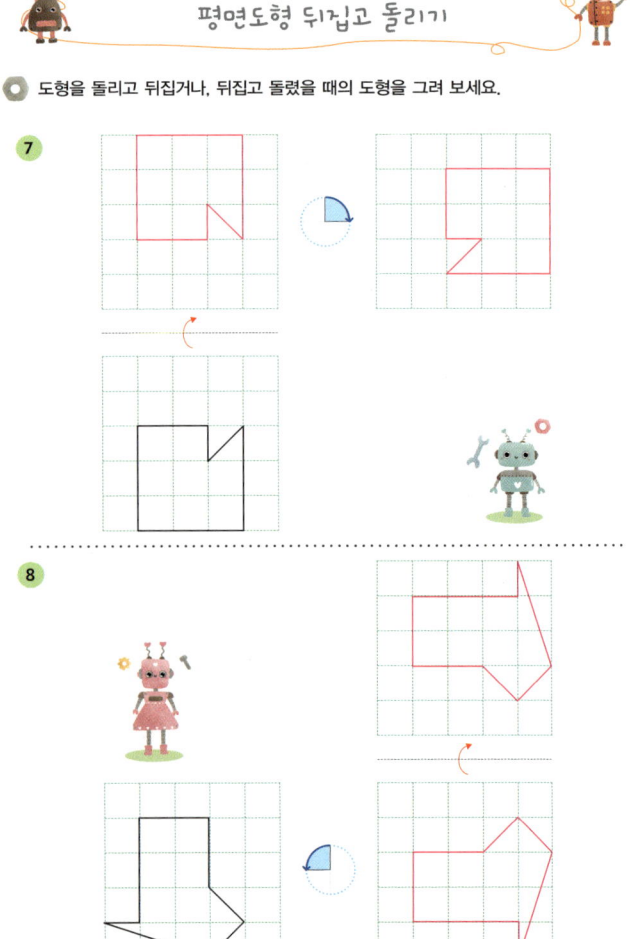

도형을 돌리고 뒤집거나, 뒤집고 돌렸을 때의 도형을 그려 보세요.

9

10

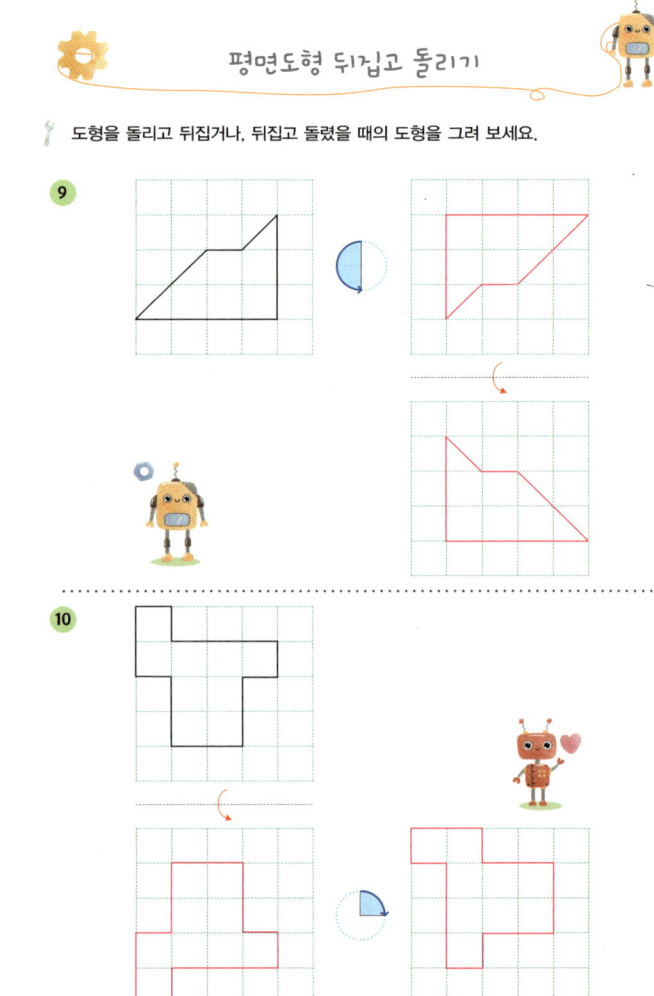

6. 여러 번 뒤집기와 돌리기

같은 방향으로 여러 번 뒤집기

도형을 같은 방향으로 2번, 4번, 6번, … 뒤집은 도형은 처음 도형과 모양이 같습니다.
짝수 번

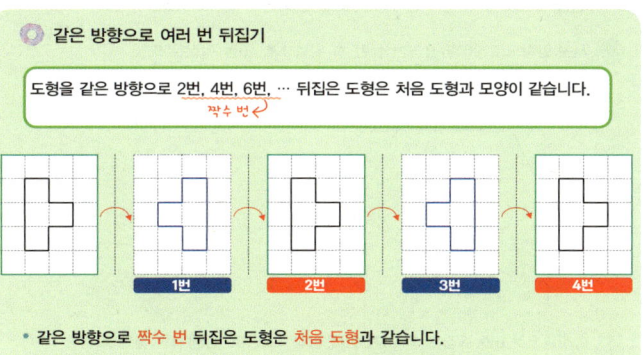

1번 2번 3번 4번

- 같은 방향으로 짝수 번 뒤집은 도형은 처음 도형과 같습니다.
- 같은 방향으로 홀수 번 뒤집은 도형은 1번 뒤집은 도형과 같습니다.

🔩 조각을 오른쪽으로 4번 뒤집은 모양에 ◯표 하세요.

( ) (◯)

🔩 조각을 왼쪽으로 7번 뒤집은 모양에 ◯표 하세요.

(◯) ( )

같은 방향으로 여러 번 돌리기

360°

270° 90°

180°

90°만큼
몇 번 돌렸을 때의
도형과 같은지 알아봐.

- 시계 방향 또는 시계 반대 방향으로 90°만큼 4번, 8번, 12번, … 돌리면 처음 도형과 같습니다.
- 시계 방향 또는 시계 반대 방향으로 180°만큼 2번, 4번, 6번, … 돌리면 처음 도형과 같습니다.

⬡ 다음 도형을 시계 방향으로 90°만큼 5번 돌렸을 때의 도형과 같은 도형에 ◯표 하세요.

( ) (◯)

---

1. 도형을 다음과 같이 여러 번 뒤집거나 돌린 도형을 그려 보세요.

① 왼쪽으로 10번 뒤집은 도형

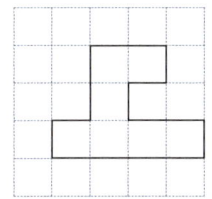  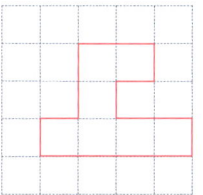

② 아래쪽으로 7번 뒤집은 도형

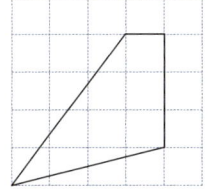  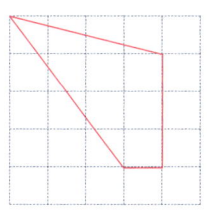

③ 시계 방향으로 90°만큼 3번 돌린 도형

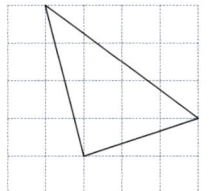  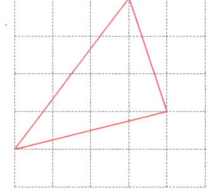

⚙ 도형을 다음과 같이 여러 번 뒤집거나 돌린 도형을 그려 보세요.

④ 시계 방향으로 90°만큼 4번 돌린 도형

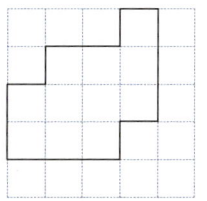  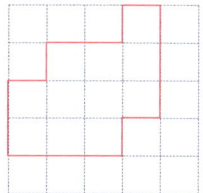

⑤ 시계 반대 방향으로 180°만큼 5번 돌린 도형

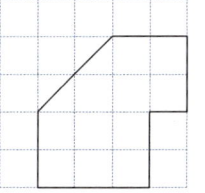  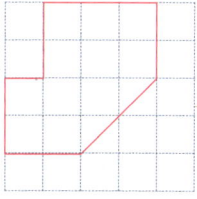

⑥ 오른쪽으로 9번 뒤집은 도형

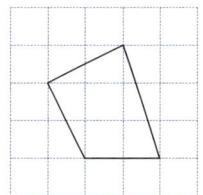 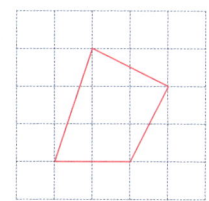

2. 도형을 다음과 같이 여러 번 뒤집거나 돌린 도형을 그려 보세요.

① 왼쪽으로 10번 뒤집은 후 시계 방향으로 180°만큼 돌린 도형

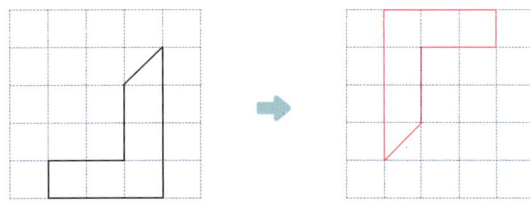

② 아래쪽으로 7번 뒤집은 후 시계 방향으로 180°만큼 2번 돌린 도형

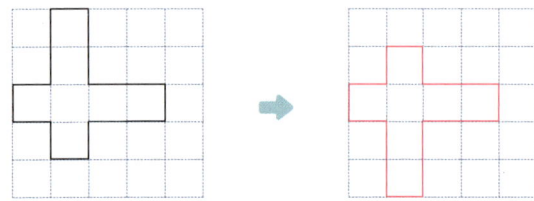

③ 시계 방향으로 90°만큼 3번 돌린 후 오른쪽으로 6번 뒤집은 도형

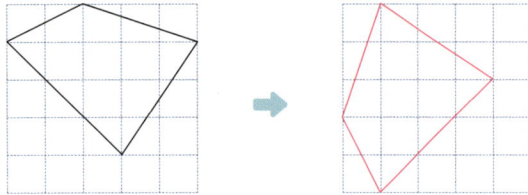

도형을 다음과 같이 여러 번 뒤집거나 돌린 도형을 그려 보세요.

④ 시계 방향으로 90°만큼 5번 돌린 후 위쪽으로 10번 뒤집은 도형

⑤ 아래쪽으로 6번 뒤집은 후 시계 반대 방향으로 180°만큼 5번 돌린 도형

⑥ 오른쪽으로 5번 뒤집은 후 시계 방향으로 90°만큼 4번 돌린 도형

1. 한 번 움직인 도형을 보고 어떻게 움직였는지 알맞은 것에 ◯표 하세요.

①

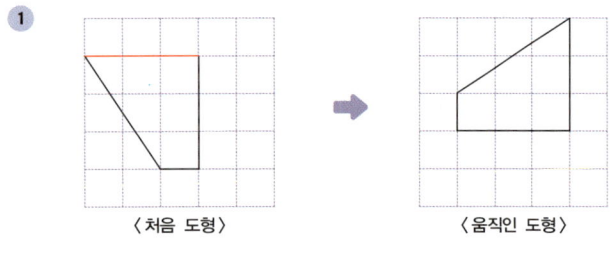

〈처음 도형〉 〈움직인 도형〉

처음 도형을 시계 방향으로 (90°, 180°, 270°)만큼 돌린 것입니다.

②

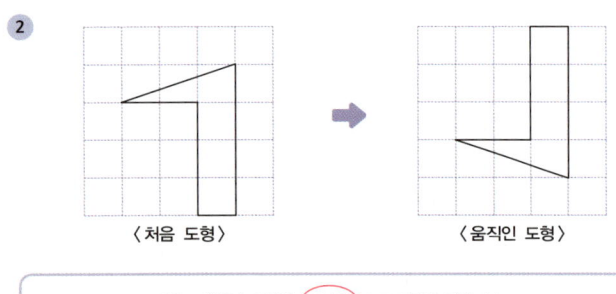

〈처음 도형〉 〈움직인 도형〉

처음 도형을 (오른쪽, 아래쪽)으로 뒤집은 것입니다.

한 번 움직인 도형을 보고 어떻게 움직였는지 알맞은 것에 ◯표 하세요.

③

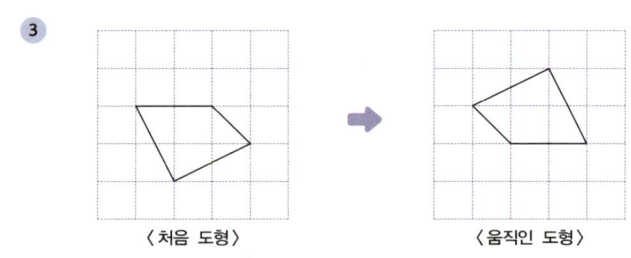

〈처음 도형〉 〈움직인 도형〉

처음 도형을 시계 방향으로 (90°, 180°, 270°)만큼 돌린 것입니다.

④

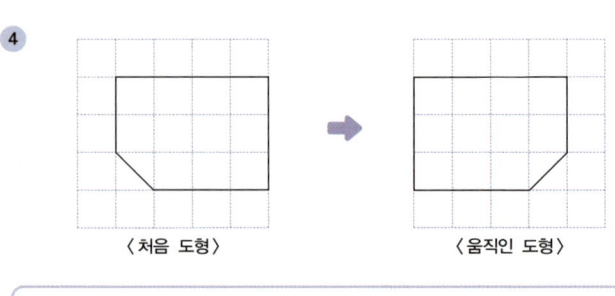

〈처음 도형〉 〈움직인 도형〉

처음 도형을 (위쪽, 왼쪽)으로 뒤집은 것입니다.

한 번 움직인 도형을 보고 어떻게 움직였는지 알맞은 것에 ◯표 하세요.

5

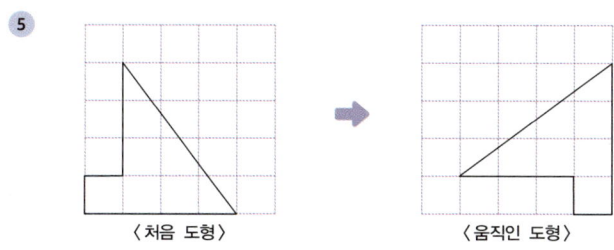

〈처음 도형〉　〈움직인 도형〉

처음 도형을 시계 반대 방향으로 (90° , 180°, 270°)만큼 돌린 것입니다.

6

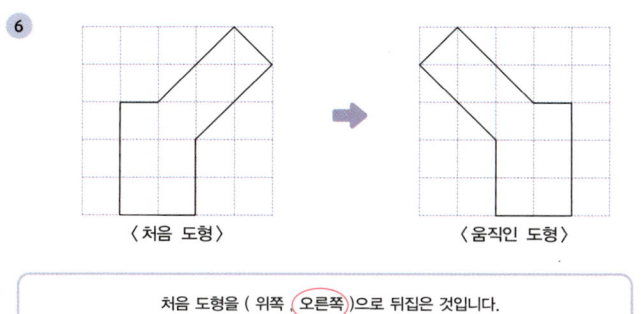

〈처음 도형〉　〈움직인 도형〉

처음 도형을 (위쪽 , 오른쪽)으로 뒤집은 것입니다.

2. 두 번 움직인 도형을 보고 어떻게 움직였는지 알맞은 것에 ◯표 하세요.

1

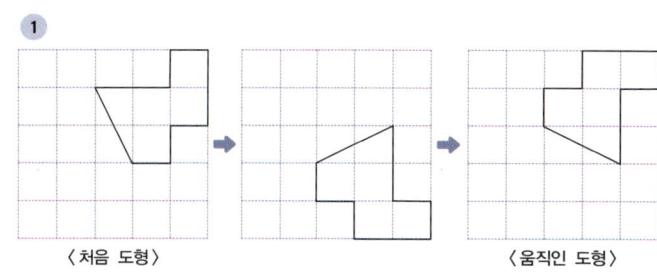

〈처음 도형〉　〈움직인 도형〉

처음 도형을 시계 방향으로 (90° , 180°, 270°)만큼 돌린 뒤
(위쪽 , 왼쪽)으로 뒤집은 것입니다.

2

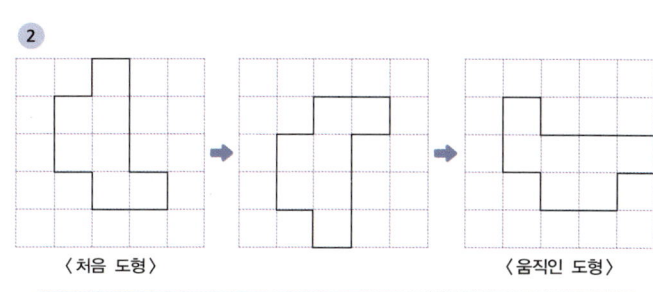

〈처음 도형〉　〈움직인 도형〉

처음 도형을 (아래쪽 , 오른쪽)으로 뒤집은 뒤
시계 방향으로 (90°, 180°, 270°)만큼 돌린 것입니다.

두 번 움직인 도형을 보고 어떻게 움직였는지 알맞은 것에 ◯표 하세요.

3

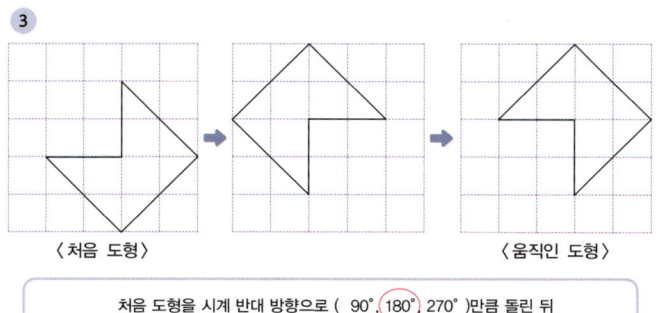

〈처음 도형〉　〈움직인 도형〉

처음 도형을 시계 반대 방향으로 (90°, 180°, 270°)만큼 돌린 뒤
(위쪽 , 왼쪽)으로 뒤집은 것입니다.

4

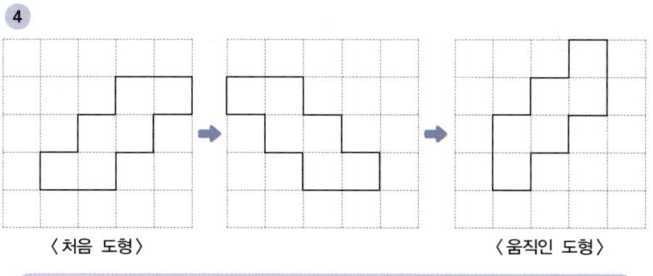

〈처음 도형〉　〈움직인 도형〉

처음 도형을 (오른쪽 , 아래쪽)으로 뒤집은 뒤
시계 방향으로 (90°, 180°, 270°)만큼 돌린 것입니다.

두 번 움직인 도형을 보고 어떻게 움직였는지 알맞은 것에 ◯표 하세요.

5

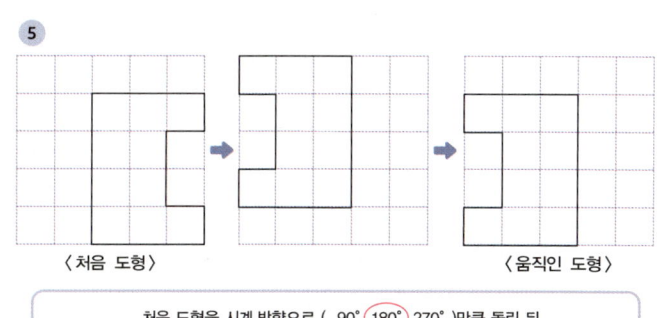

〈처음 도형〉　〈움직인 도형〉

처음 도형을 시계 방향으로 (90°, 180° 270°)만큼 돌린 뒤
(오른쪽 , 왼쪽)으로 뒤집은 것입니다.

6

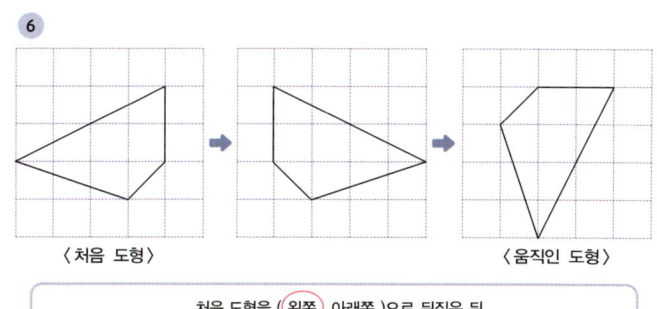

〈처음 도형〉　〈움직인 도형〉

처음 도형을 (왼쪽 , 아래쪽)으로 뒤집은 뒤
시계 반대 방향으로 (90°, 180°, 270°)만큼 돌린 것입니다.

3. 두 번 움직인 도형을 보고 어떻게 움직였는지 알맞은 설명을 찾아 기호를 쓰세요.

① 〈직접 그려서 알아보세요.〉

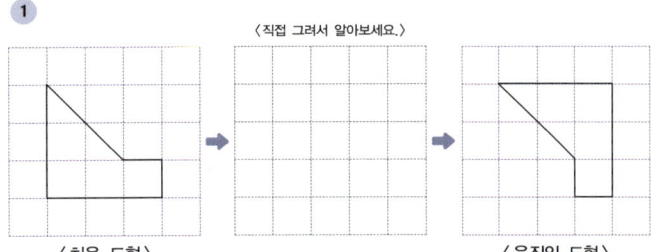

〈처음 도형〉　　　　　　　〈움직인 도형〉

㉠ 처음 도형을 시계 방향으로 180°만큼 돌린 뒤 아래쪽으로 뒤집은 것입니다.
㉡ 처음 도형을 시계 방향으로 90°만큼 돌린 뒤 오른쪽으로 뒤집은 것입니다.

답　㉡

② 〈직접 그려서 알아보세요.〉

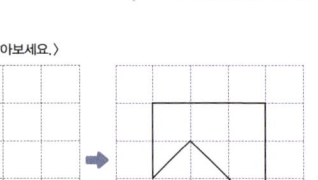

〈처음 도형〉　　　　　　　〈움직인 도형〉

㉠ 처음 도형을 왼쪽으로 뒤집은 뒤 시계 방향으로 90°만큼 돌린 것입니다.
㉡ 처음 도형을 시계 반대 방향으로 90°만큼 돌린 뒤 위쪽으로 뒤집은 것입니다.

답　㉠

 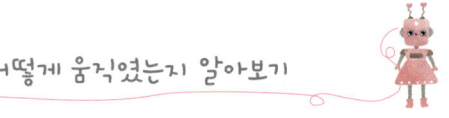

 두 번 움직인 도형을 보고 어떻게 움직였는지 알맞은 설명을 찾아 기호를 쓰세요.

③ 〈직접 그려서 알아보세요.〉

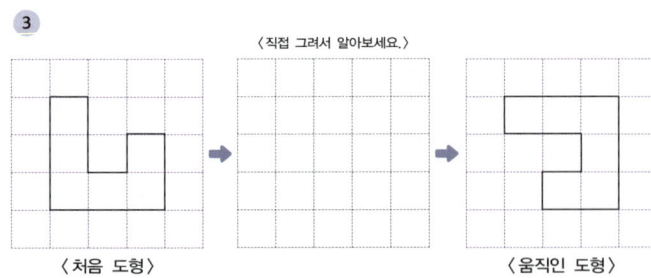

〈처음 도형〉　　　　　　　〈움직인 도형〉

㉠ 처음 도형을 위쪽으로 뒤집은 뒤 시계 방향으로 180°만큼 돌린 것입니다.
㉡ 처음 도형을 오른쪽으로 뒤집은 뒤 시계 반대 방향으로 90°만큼 돌린 것입니다.

답　㉡

④ 〈직접 그려서 알아보세요.〉

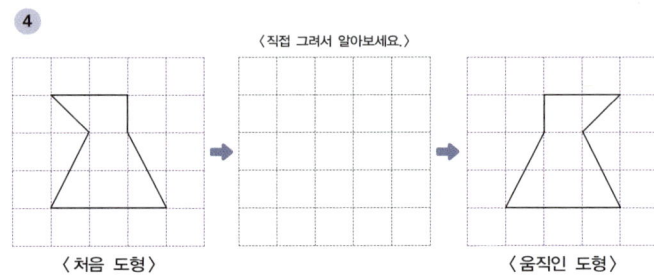

〈처음 도형〉　　　　　　　〈움직인 도형〉

㉠ 처음 도형을 아래쪽으로 뒤집은 뒤 시계 방향으로 180°만큼 돌린 것입니다.
㉡ 처음 도형을 오른쪽으로 5번 뒤집은 뒤 시계 반대 방향으로 90°만큼 돌린 것입니다.

답　㉠

8. 처음 도형 그리기

⚙ 뒤집기 전의 도형 그리기
도형을 움직인 순서와 방향을 거꾸로 생각하여 처음 도형을 구합니다.

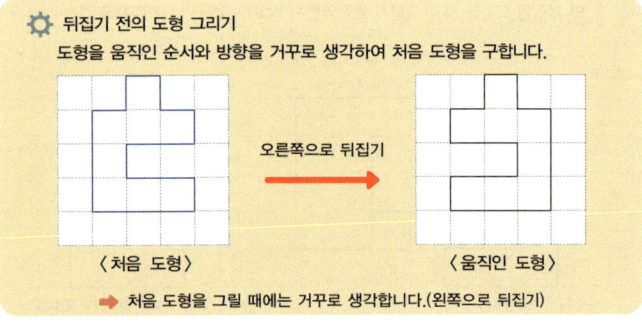

오른쪽으로 뒤집기

〈처음 도형〉　　　　　　　〈움직인 도형〉

➡ 처음 도형을 그릴 때에는 거꾸로 생각합니다.(왼쪽으로 뒤집기)

🔩 움직인 도형은 처음 도형을 오른쪽으로 뒤집은 것입니다. 처음 도형을 그려 보세요.

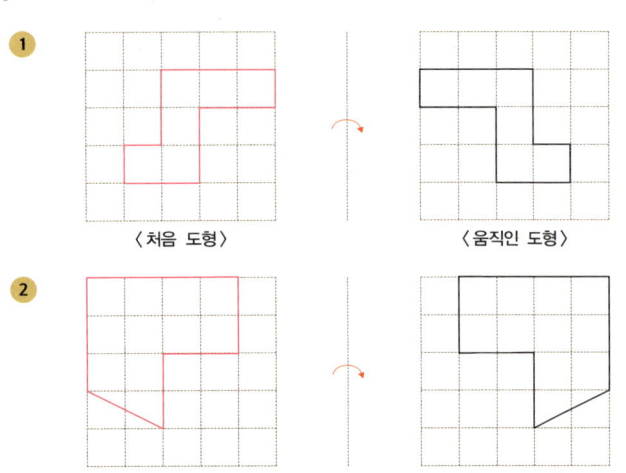

① 〈처음 도형〉　　　　　　〈움직인 도형〉

② 〈처음 도형〉　　　　　　〈움직인 도형〉

처음 도형 그리기

 움직인 도형은 처음 도형을 주어진 방향으로 뒤집은 것입니다. 처음 도형을 그려 보세요.

③

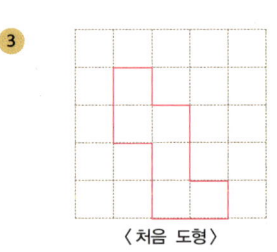 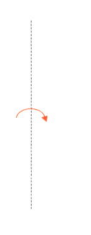 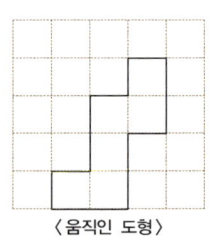

〈처음 도형〉　　　　　　　〈움직인 도형〉

④ 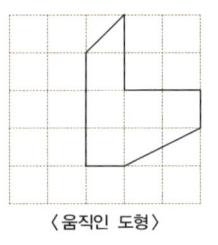　　　⑤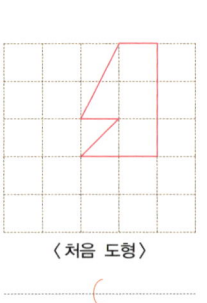

〈움직인 도형〉　　　　　　〈처음 도형〉

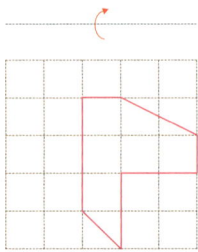　　　　　　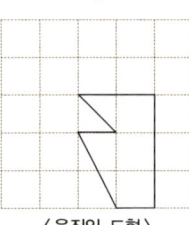

〈처음 도형〉　　　　　　　〈움직인 도형〉

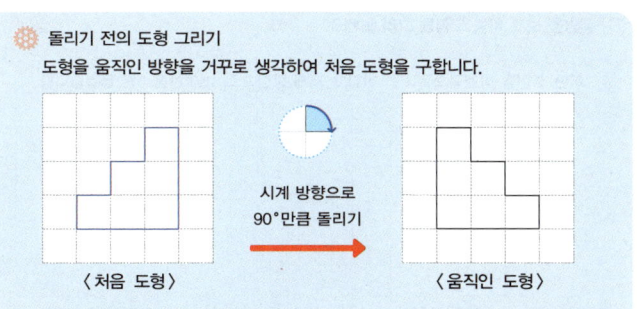

⚙ 돌리기 전의 도형 그리기

　도형을 움직인 방향을 거꾸로 생각하여 처음 도형을 구합니다.

〈 처음 도형 〉　　시계 방향으로 90°만큼 돌리기　　〈 움직인 도형 〉

➡ 처음 도형을 그릴 때에는 거꾸로 생각합니다. (시계 반대 방향으로 90°만큼 돌리기)

⚙ 움직인 도형은 처음 도형을 주어진 설명대로 돌린 것입니다. 처음 도형을 그려 보세요.

1

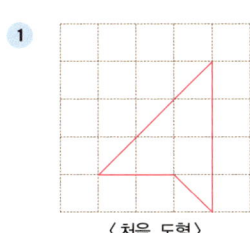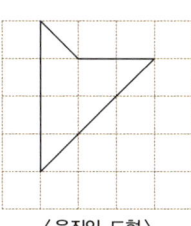

시계 반대 방향으로 180°만큼 돌리기

〈 처음 도형 〉　　〈 움직인 도형 〉

2

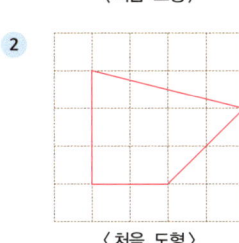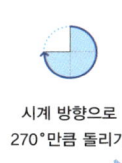

시계 방향으로 270°만큼 돌리기

〈 처음 도형 〉　　〈 움직인 도형 〉

🔩 움직인 도형은 처음 도형을 주어진 설명대로 돌린 것입니다. 처음 도형을 그려 보세요.

3

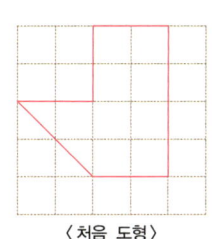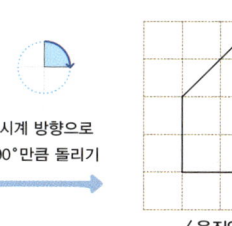

시계 방향으로 90°만큼 돌리기

〈 처음 도형 〉　　〈 움직인 도형 〉

4

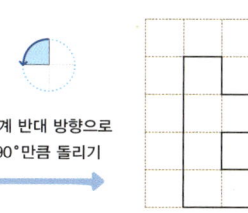

시계 반대 방향으로 90°만큼 돌리기

〈 처음 도형 〉　　〈 움직인 도형 〉

5

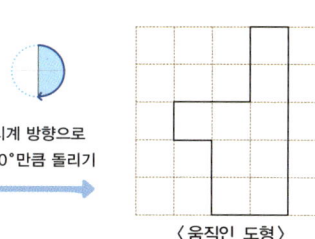

시계 방향으로 180°만큼 돌리기

〈 처음 도형 〉　　〈 움직인 도형 〉

---

1. 설명을 보고 처음 도형을 그려 보세요.

1 어떤 도형을 시계 방향으로 90°만큼 돌렸습니다.

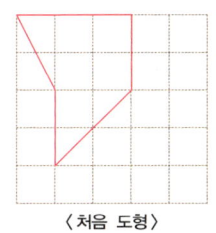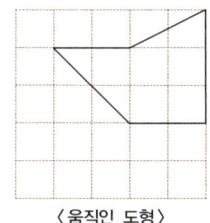

〈 처음 도형 〉　　〈 움직인 도형 〉

2 어떤 도형을 아래쪽으로 3번 뒤집었습니다.

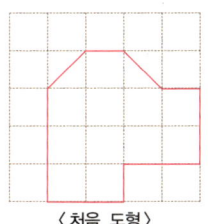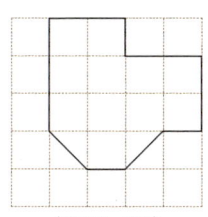

〈 처음 도형 〉　　〈 움직인 도형 〉

3 어떤 도형을 시계 반대 방향으로 90°만큼 돌렸습니다.

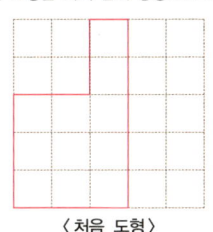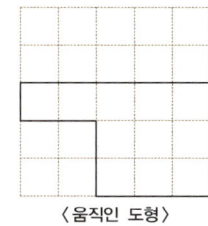

〈 처음 도형 〉　　〈 움직인 도형 〉

⬡ 설명을 보고 처음 도형을 그려 보세요.

4 어떤 도형을 아래쪽으로 5번 뒤집었습니다.

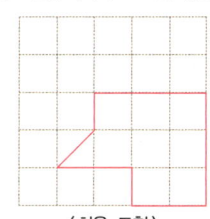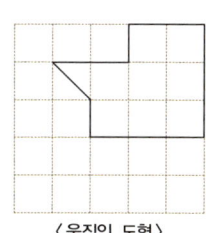

〈 처음 도형 〉　　〈 움직인 도형 〉

5 어떤 도형을 시계 방향으로 90°만큼 6번 돌렸습니다.

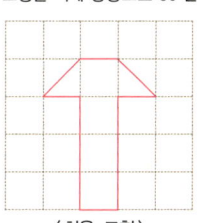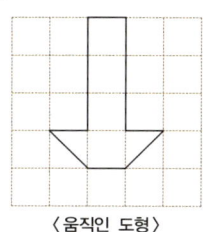

〈 처음 도형 〉　　〈 움직인 도형 〉

6 어떤 도형을 오른쪽으로 7번 뒤집었습니다.

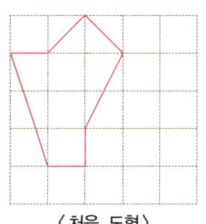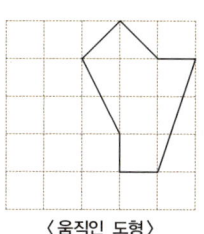

〈 처음 도형 〉　　〈 움직인 도형 〉

처음 도형 그리기

2. 설명을 보고 처음 도형을 그려 보세요.

1 어떤 도형을 아래쪽으로 2번 뒤집고 시계 방향으로 180°만큼 돌렸습니다.

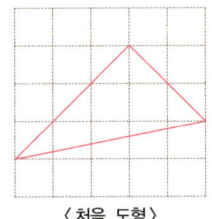 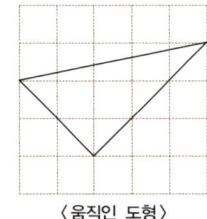

〈처음 도형〉　　　　〈움직인 도형〉

2 어떤 도형을 위쪽으로 3번 뒤집고 시계 반대 방향으로 180°만큼 4번 돌렸습니다.

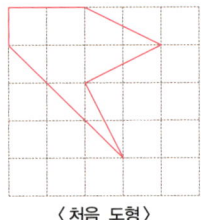 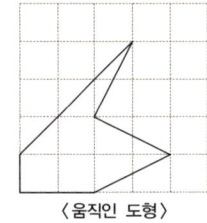

〈처음 도형〉　　　　〈움직인 도형〉

3 어떤 도형을 왼쪽으로 4번 뒤집고 시계 방향으로 90°만큼 돌렸습니다.

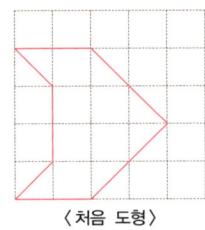 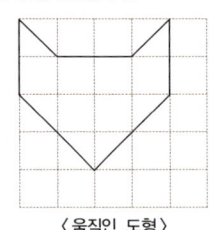

〈처음 도형〉　　　　〈움직인 도형〉

처음 도형 그리기

설명을 보고 처음 도형을 그려 보세요.

4 어떤 도형을 아래쪽으로 2번 뒤집고 시계 방향으로 180°만큼 3번 돌렸습니다.

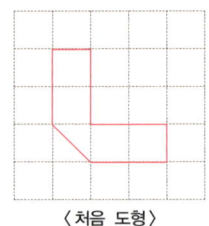 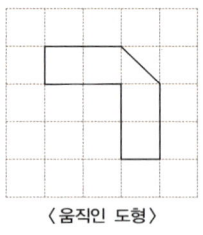

〈처음 도형〉　　　　〈움직인 도형〉

5 어떤 도형을 오른쪽으로 4번 뒤집고 시계 반대 방향으로 180°만큼 돌렸습니다.

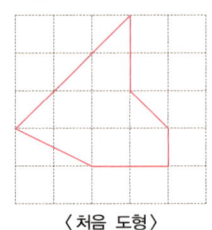 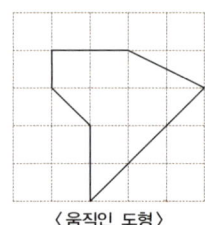

〈처음 도형〉　　　　〈움직인 도형〉

6 어떤 도형을 왼쪽으로 7번 뒤집고 시계 방향으로 90°만큼 4번 돌렸습니다.

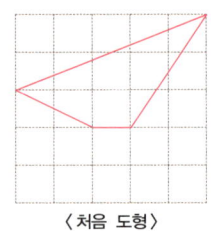 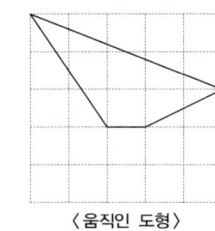

〈처음 도형〉　　　　〈움직인 도형〉

무늬 꾸미기

1. 무늬를 만든 규칙을 설명해 보세요.

규칙 ◿ 모양을 오른쪽으로 ((밀기), 뒤집기)를 반복하여 무늬를 만들었습니다.

2. 무늬를 만든 규칙을 설명해 보세요.

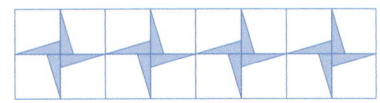

규칙 ☐ 모양을 시계 방향으로 (90° , 180°)만큼 돌리기를 반복하여 ⊞ 모양을 만들고, 이 모양을 오른쪽으로 밀기를 반복하여 무늬를 만들었습니다.

3. 무늬를 만든 규칙을 설명해 보세요.

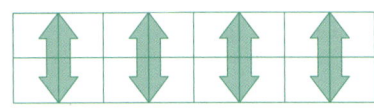

규칙 ◺ 모양을 아래쪽으로 (밀기 , 뒤집기) 하여 ◈ 모양을 만들고, 이 모양을 오른쪽으로 (뒤집기 , 돌리기)를 반복하여 무늬를 만들었습니다.

무늬 꾸미기

4. ▲ 모양으로 규칙에 따라 만든 무늬입니다. 무늬를 만든 규칙을 설명해 보세요.

예)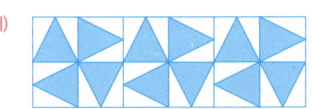

규칙 ▲ 모양을 예) 시계 방향으로 90°만큼 돌리기를 반복하여

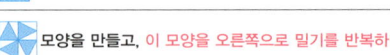 모양을 만들고, 이 모양을 오른쪽으로 밀기를 반복하여

무늬를 만들었습니다.

5. ▨ 모양으로 뒤집기를 이용하여 규칙적인 무늬를 만들어 보세요.

예)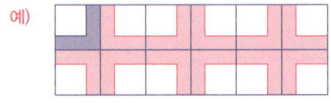

6. ◸ 모양으로 돌리기와 밀기를 이용하여 규칙적인 무늬를 만들어 보세요.

예)

7. 규칙에 따라 무늬를 완성하고, 무늬를 만든 규칙을 설명해 보세요.

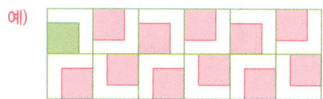

규칙 ◺ 모양을 예) 시계 방향으로 90°만큼 돌리기를 반복하여

◩ 모양을 만들고, 이 모양을 오른쪽으로 밀기를 반복하여

무늬를 만들었습니다.

8. ▣ 모양으로 돌리기와 밀기를 이용하여 규칙적인 무늬를 만들어 보세요.

예)

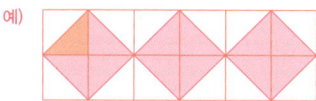

9. ◺ 모양으로 뒤집기를 이용하여 규칙적인 무늬를 만들어 보세요.

예)

---

10. 규칙에 따라 무늬를 완성하고, 무늬를 만든 규칙을 설명해 보세요.

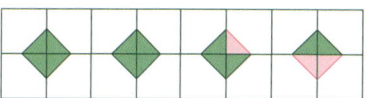

규칙 ▨ 모양을 예) 시계 방향으로 90°만큼 돌리기를 반복하여

◈ 모양을 만들고, 이 모양을 오른쪽으로 밀기(뒤집기)를 반복하여

무늬를 만들었습니다.

11. ▥ 모양으로 돌리기와 밀기를 이용하여 규칙적인 무늬를 만들어 보세요.

예)

12. ◹ 모양으로 뒤집기와 밀기를 이용하여 규칙적인 무늬를 만들어 보세요.

예)

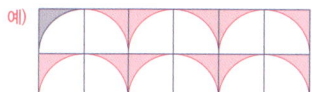

---

10. 숫자 뒤집기와 돌리기

1. 다음 숫자를 뒤집었을 때의 모양을 각각 그려 보세요. (숫자 뒤집기 카드로 확인해 보세요.)

①

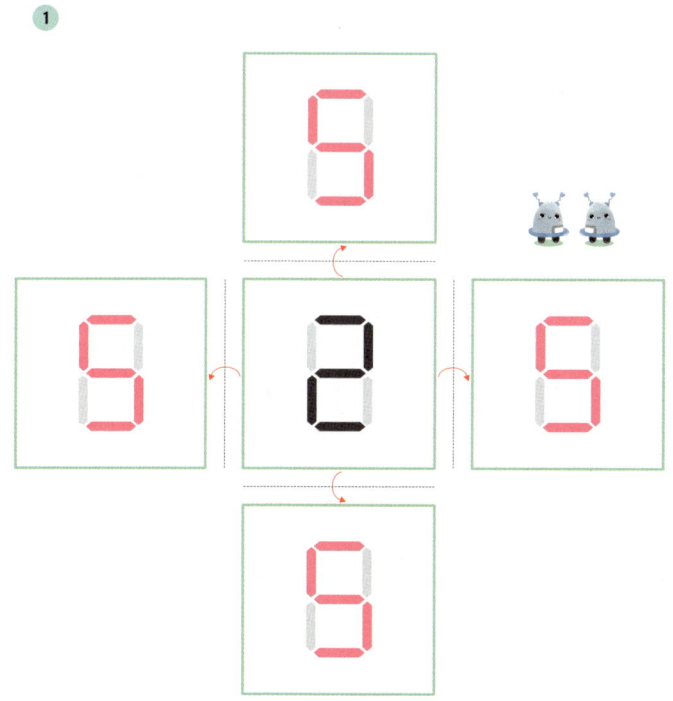

➡ **2**를 어느 방향으로 뒤집어도 **5**가 됩니다.

다음 숫자를 뒤집었을 때의 모양을 각각 그려 보세요. (숫자 뒤집기 카드로 확인해 보세요.)

②

부록의 활동판과 숫자 뒤집기 카드로 연습해 보세요.

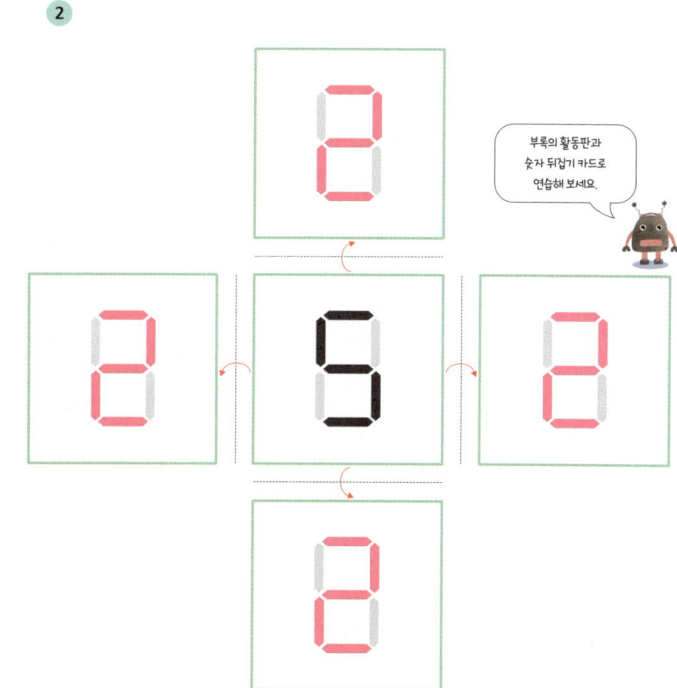

➡ **5**를 어느 방향으로 뒤집어도 **2**가 됩니다.

2. 다음 수 카드를 뒤집었을 때 만들어지는 모양을 그려 보세요. (숫자 뒤집기 카드로 확인해 보세요)

 1

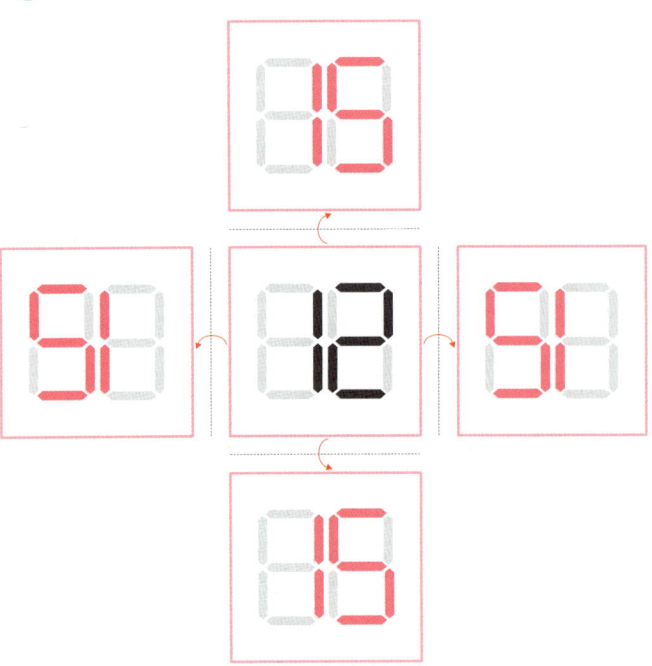

➡ **12**를 오른쪽으로 뒤집으면 **51** 이 됩니다.

 다음 수 카드를 뒤집었을 때 만들어지는 모양을 그려 보세요. (숫자 뒤집기 카드로 확인해 보세요)

2

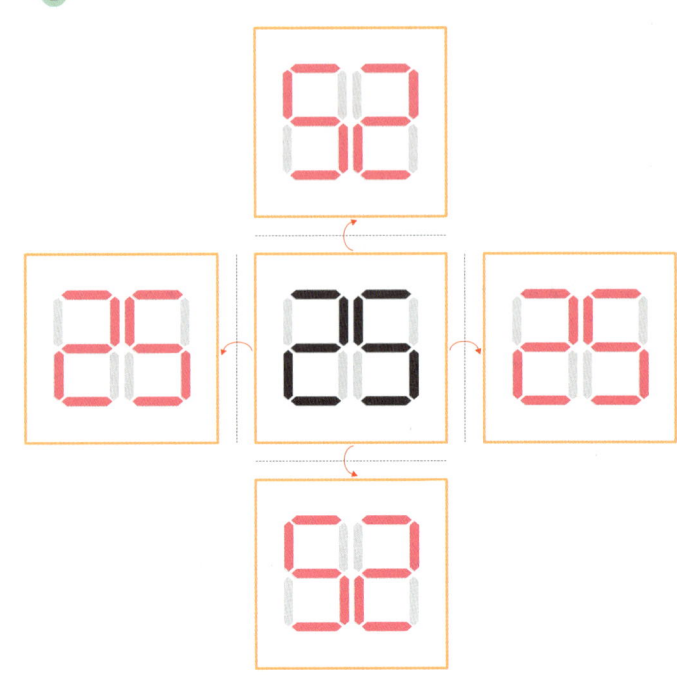

➡ **25**를 아래쪽으로 뒤집으면 **52** 가 됩니다.

 다음 수 카드를 뒤집었을 때 만들어지는 모양을 그려 보세요. (숫자 뒤집기 카드로 확인해 보세요)

3

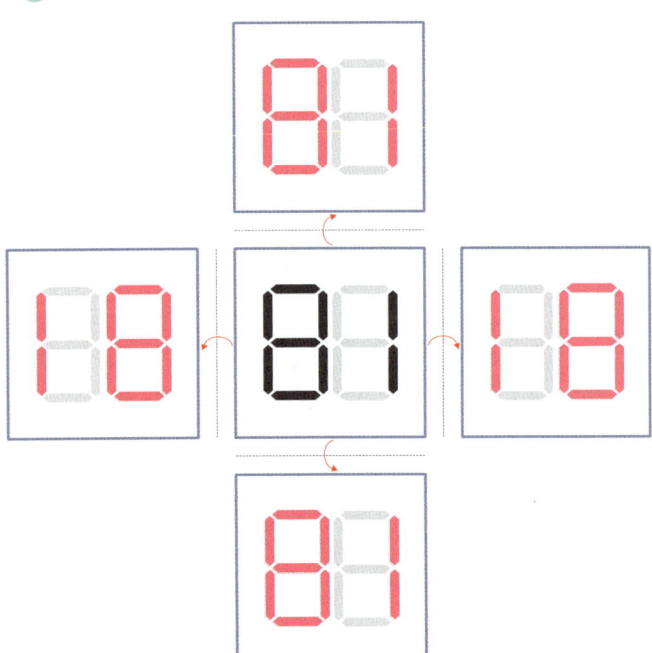

➡ **81**을 왼쪽으로 뒤집으면 **18** 이 됩니다.

다음 수 카드를 뒤집었을 때 만들어지는 모양을 그려 보세요. (숫자 뒤집기 카드로 확인해 보세요)

4

부록의 활동판과
숫자 뒤집기 카드로
연습해 보세요.

➡ **51**을 위쪽으로 뒤집으면 **21** 이 됩니다.

3. 수 카드를 오른쪽으로 뒤집었을 때 만들어지는 수를 각각 쓰세요.

① 15 → 21

② 82 → 58

③ 52 → 52

④ 201 → 105

⑤ 582 → 582

수 카드를 오른쪽으로 뒤집었을 때 만들어지는 수를 각각 쓰세요.

⑥ 58 → 82

⑦ 21 → 15

⑧ 25 → 25

⑨ 802 → 508

⑩ 518 → 812

4. 다음 숫자를 시계 방향으로 돌렸을 때의 모양을 각각 그려 보세요.
　　(숫자 돌리기 카드로 확인해 보세요)

①

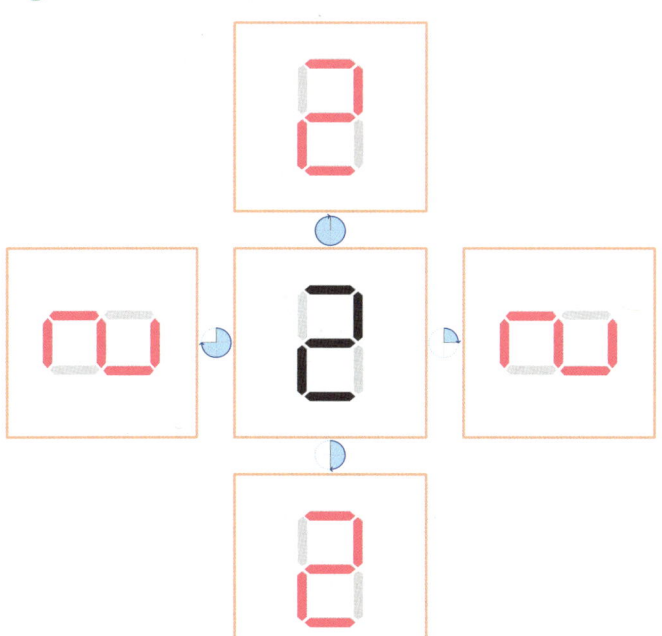

➡ **2**를 시계 방향으로 180°만큼 돌리면 **2** 가 됩니다.

다음 숫자를 시계 방향으로 돌렸을 때의 모양을 각각 그려 보세요.
　　(숫자 돌리기 카드로 확인해 보세요)

②

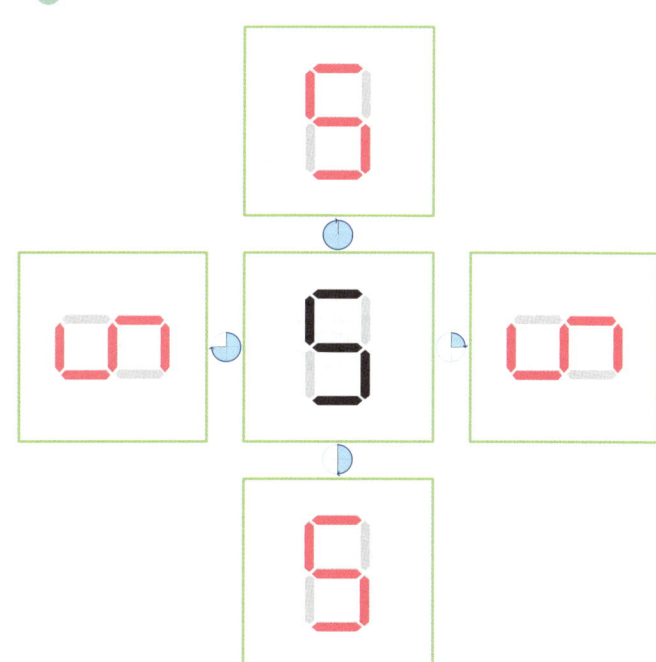

➡ **5**를 시계 방향으로 180°만큼 돌리면 **5** 가 됩니다.

5. 수 카드를 시계 방향으로 180°만큼 돌렸을 때 만들어지는 수를 각각 쓰세요.

① 26 ▷ 92

② 19 ▷ 61

③ 65 ▷ 59

④ 802 ▷ 208

⑤ 951 ▷ 156

수 카드를 시계 방향으로 180°만큼 돌렸을 때 만들어지는 수를 각각 쓰세요.

⑥ 52 ▷ 25

⑦ 96 ▷ 96

⑧ 28 ▷ 82

⑨ 189 ▷ 681

⑩ 506 ▷ 905

---

11. 문자 뒤집기와 돌리기

1. 다음 문자를 뒤집었을 때의 모양을 각각 그려 보세요. (자음 뒤집기 카드로 확인해 보세요.)

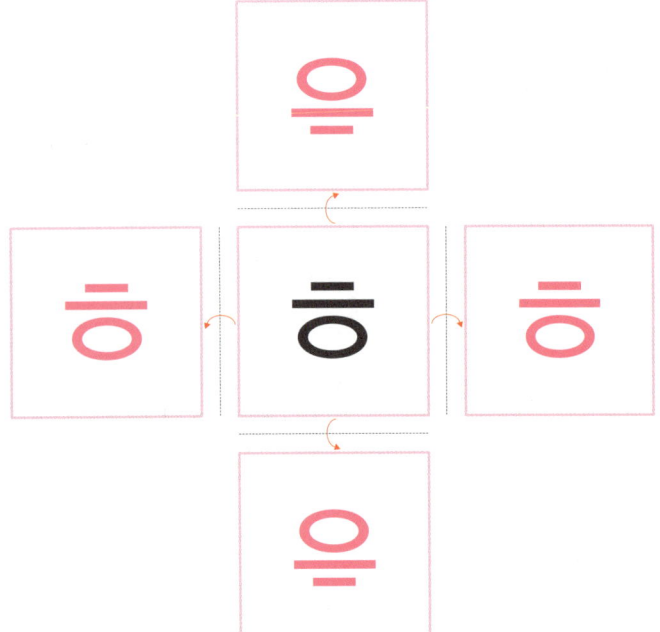

➡ ㅎ을 (위쪽 , (오른쪽))으로 뒤집으면 ㅎ과 같습니다.

---

2. 다음 알파벳을 뒤집었을 때의 모양을 각각 그려 보세요. (알파벳 뒤집기 카드로 확인해 보세요.)

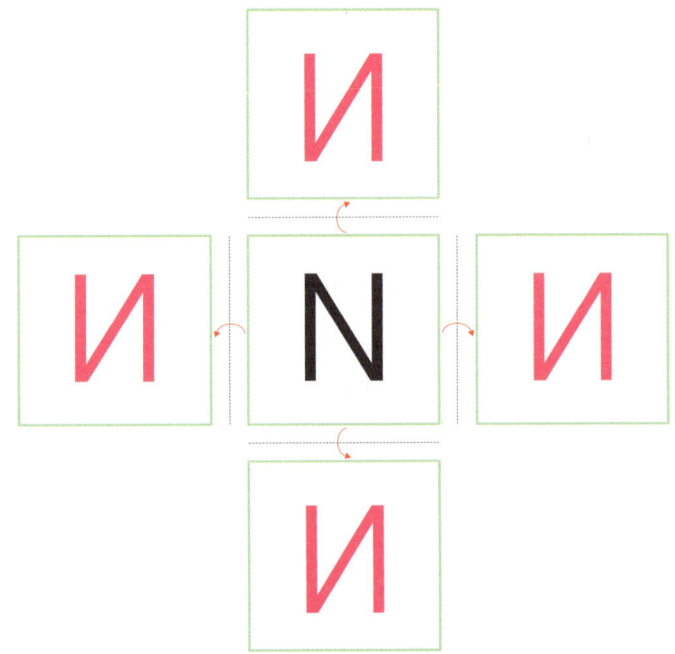

➡ N은 어느 방향으로 뒤집어도 모양이 모두 И 이 됩니다.

3. 다음 문자를 시계 방향으로 돌렸을 때의 모양을 각각 그려 보세요.
(자음 돌리기 카드로 확인해 보세요.)

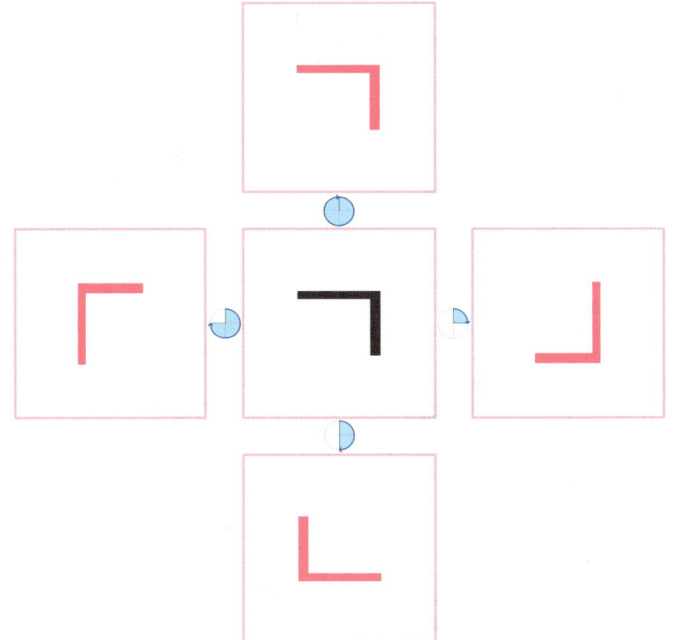

➡ ㄱ을 시계 방향으로 180°만큼 돌리면 ㄴ 이 됩니다.

4. 다음 알파벳을 시계 방향으로 돌렸을 때의 모양을 각각 그려 보세요.
(알파벳 돌리기 카드로 확인해 보세요.)

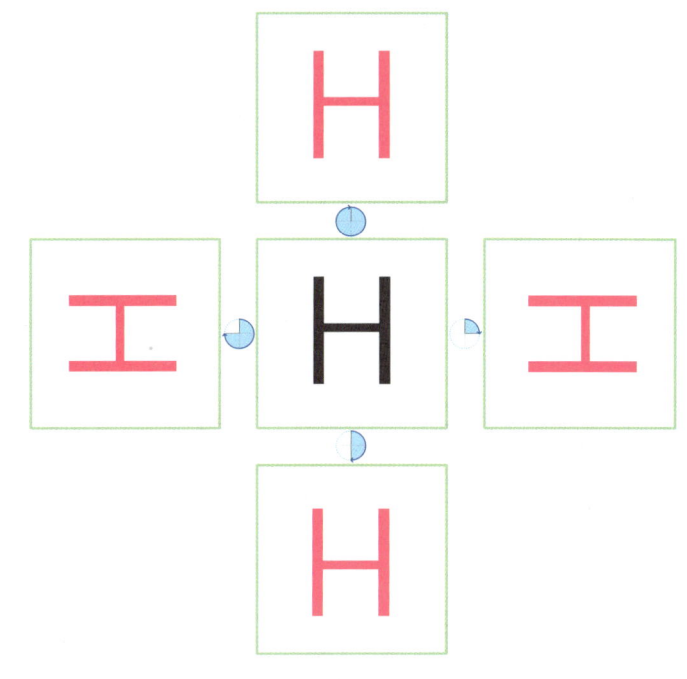

➡ H를 시계 방향으로 180°, 360°만큼 돌리면 H가 됩니다.

5. 다음 글자를 오른쪽으로 뒤집었을 때 만들어지는 모양을 그려 보세요.

①

②

③

④

6. 다음 글자를 주어진 각도만큼 돌렸을 때 만들어지는 모양을 그려 보세요.

①

②

③

④

7. 다음 글자를 오른쪽으로 뒤집었을 때 만들어지는 모양을 그려 보세요.

①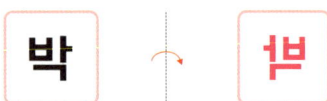

②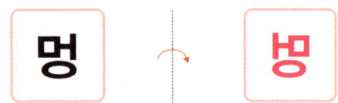

③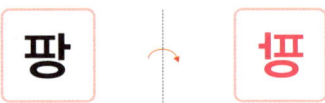

④

8. 다음 글자를 주어진 각도만큼 돌렸을 때 만들어지는 모양을 그려 보세요.

①

②

③

④

 # 12. 숫자, 문자 움직이기 활용

1. 다음 물음에 답하세요.

$$2\ 3\ 4\ 5\ 6\ 7\ 8\ 9$$

① 주어진 숫자를 아래쪽으로 뒤집었을 때의 모양을 각각 그려 보세요.

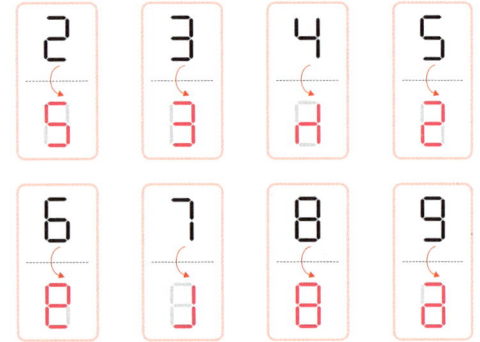

② 아래쪽으로 뒤집었을 때 모양이 처음과 같은 숫자를 모두 써 보세요.

(3, 8   )

2. 다음 물음에 답하세요.

$$2\ 3\ 4\ 5\ 6\ 7\ 8\ 9$$

① 주어진 숫자를 오른쪽으로 뒤집었을 때의 모양을 각각 그려 보세요.

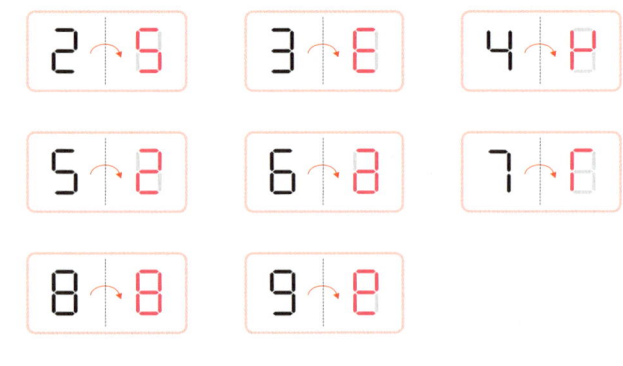

② 오른쪽으로 뒤집었을 때 모양이 처음과 같은 숫자를 써 보세요.

(8   )

3. 다음 물음에 답하세요.

2 3 4 5 6 7 8 9

1 주어진 숫자를 시계 방향으로 180° 만큼 돌렸을 때 만들어지는 모양을 각각 그려 보세요.

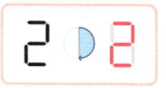  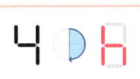

2 시계 방향으로 180° 만큼 돌렸을 때 모양이 처음과 같은 숫자를 모두 써 보세요.

(2, 5, 8)

---

4. 다음 물음에 답하세요.

ㄱㄴㄷㄹㅂㅈㅋㅌㅎ

1 주어진 문자를 아래쪽으로 뒤집었을 때의 모양을 각각 그려 보세요.

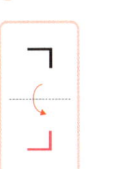  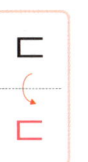 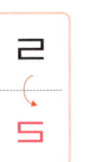 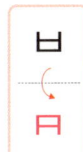

2 아래쪽으로 뒤집었을 때 모양이 처음과 같은 문자를 모두 써 보세요.

(ㄷ, ㅌ)

---

5. 다음 물음에 답하세요.

ㄱㄴㄷㄹㅂㅊㅋㅌㅎ

1 주어진 문자를 오른쪽으로 뒤집었을 때의 모양을 각각 그려 보세요.

 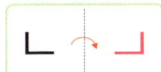 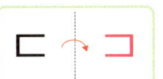

2 오른쪽으로 뒤집었을 때 모양이 처음과 같은 문자를 모두 써 보세요.

(ㅂ, ㅊ, ㅎ)

---

6. 다음 물음에 답하세요.

ㄱㄴㄷㄹㅂㅈㅋㅍㅎ

1 주어진 문자를 시계 방향으로 180°만큼 돌렸을 때 만들어지는 모양을 각각 그려 보세요.

2 시계 방향으로 180°만큼 돌렸을 때 모양이 처음과 같은 문자를 모두 써 보세요.

(ㄹ, ㅍ)

7. 다음 물음에 답하세요.

A B C D E F H K M N

1 주어진 알파벳을 아래쪽으로 뒤집었을 때의 모양을 각각 그려 보세요.

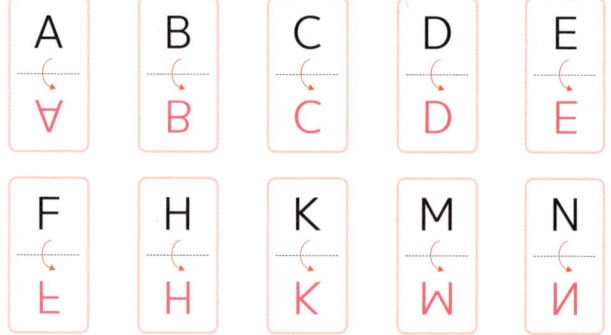

2 아래쪽으로 뒤집었을 때 모양이 처음과 같은 알파벳을 모두 써 보세요.

(B, C, D, E, H, K)

---

8. 다음 물음에 답하세요.

A B C D E F J K M

1 주어진 알파벳을 오른쪽으로 뒤집었을 때의 모양을 각각 그려 보세요.

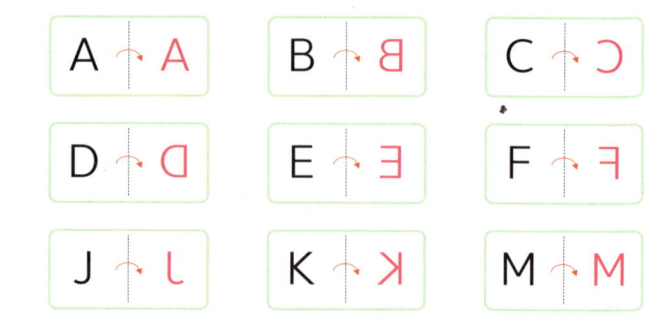

2 오른쪽으로 뒤집었을 때 모양이 처음과 같은 알파벳을 모두 써 보세요.

(A, M)

---

9. 다음 물음에 답하세요.

A B C D E F H M S

1 주어진 알파벳을 시계 방향으로 180°만큼 돌렸을 때 만들어지는 모양을 각각 그려 보세요.

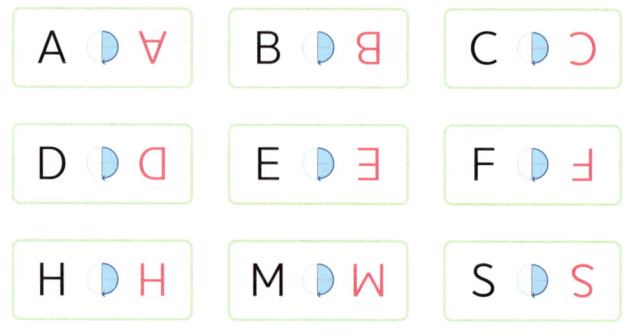

2 시계 방향으로 180°만큼 돌렸을 때 모양이 처음과 같은 알파벳을 모두 써 보세요.

(H, S)